Katharina Kießler

Interkulturelle Kompetenz und Kosmopolitismus – eine pädagogische Herausforderung?

Eine Untersuchung (sozial-)philosophischer und gesellschaftswissenschaftlicher Diskurse und Traditionen

Diplomica® Verlag GmbH

Kießler, Katharina: Interkulturelle Kompetenz und Kosmopolitismus - eine pädagogische Herausforderung? Eine Untersuchung (sozial-)philosophischer und gesellschaftswissenschaftlicher Diskurse und Traditionen.
Hamburg, Diplomica Verlag GmbH 2011

ISBN: 978-3-8428-6471-9
Druck: Diplomica® Verlag GmbH, Hamburg, 2011

Bibliografische Information der Deutschen Nationalbibliothek:
Die Deutsche Nationalbibliothek verzeichnet diese Publikation in der Deutschen Nationalbibliografie; detaillierte bibliografische Daten sind im Internet über http://dnb.d-nb.de abrufbar.

Die digitale Ausgabe (eBook-Ausgabe) dieses Titels trägt die ISBN 978-3-8428-1471-4 und kann über den Handel oder den Verlag bezogen werden.

Inhaltsverzeichnis

EINLEITUNG..3

KAPITEL 1

BAUSTEINE INTERKULTURELLER KOMPETENZ. BEGRIFFSKLÄRUNG UND
THEORETISCHE GRUNDLAGEN...6

1.1 DER KOMPETENZBEGRIFF 6
1.2 KULTUR – EIN UMSTRITTENER BEGRIFF...8
1.3 MULTIKULTURALITÄT – TRANSKULTURALITÄT – INTERKULTURALITÄT 10

KAPITEL 2

INTERKULTURELLE KOMPETENZ – EIN KOMPLEXES KONZEPT 14

2.1 DEFINITIONSMODELLE INTERKULTURELLER KOMPETENZ..............................15

2.1.1 Listen- und Strukturmodelle..15
2.1.1.1 Kognitive Dimension...17
2.1.1.2 Affektive Dimension...19
2.1.1.2.1 Exkurs. Milton Bennetts Entwicklungsmodell interkultureller Sensibilität .. 19
2.1.1.3 Verhaltensbezogene bzw. pragmatische Dimension..................22

2.1.2 Kritische Beurteilung...24

2.1.3 Prozessmodelle Interkultureller Kompetenz..........................29
2.1.3.1 Wissen..29
2.1.3.2 Verstehen 31
2.1.3.3 Handeln 32

KAPITEL 3

ZWISCHENFAZIT I 33

KAPITEL 4

ENTWICKLUNGSGESCHICHTE DER KOSMOPOLITEN IDEE 40

4.1 ANTIKE WURZELN 42
4.1.1 Die Kyniker 43
4.1.2 Griechische Stoa 45
4.1.3 Römische Stoa 48

4.2 FRÜHE NEUZEIT UND AUFKLÄRUNG 51
4.2.1 Christoph Martin Wieland 52
4.2.2 Immanuel Kant 54

4.3. Kosmopolitismus der Gegenwart 57
    4.3.1 Kwame Anthony Appiah 58
    4.3.2 Ulrich Beck. Reflexive Modernisierung und Kosmopolitismus versus
    Kosmopolisierung 61
4.3.2.1 Exkurs: Reflexive Modernisierung 61
4.3.2.2 Kosmopolitismus vs. Kosmopolisierung 62

KAPITEL 5

ZWISCHENFAZIT II. KONSTITUIERENDE GEDANKEN DES
KOSMOPOLITISMUS 64

KAPITEL 6

KOSMOPOLITISMUS ALS BILDUNGSKONZEPT 66

6.1 Antike und neuzeitliche Bildungskonzepte 67
    6.1.1 Kosmopolitische Bildung in der Antike 67
    6.1.2 Grundlegende Ideen des neuzeitlich kosmopolitischen
    Bildungsprogramms 69

6.2 Konzeptualisierungsvorschlag eines gegenwärtigen
Bildungskonzeptes in kosmopolitischer Absicht 72

    6.2.1 Bildungsziel und Bildungsverständnis 72
    6.2.2 Analyse 74
    6.2.3 Eckpfeiler eines aktuellen Bildungskonzeptes in kosmopolitischer
    Absicht 76
6.2.3.1 Klaus Seitz und das Konzept des Globalen Lernens 78
6.2.3.2 Edgar Morin. Die Ethik des Verstehens 81
6.2.3.3 Christoph Wulf. Der Andere und die Notwendigkeit anthropologischer
Reflexion 83
6.2.3.4 Thomas Mohrs. Entwicklung eines weltbürgerlichen Bewusstseins 85

6.3 Zusammenfassung 87

FAZIT 89

LITERATURVERZEICHNIS 92

Einleitung

Wir leben in einer globalisierten Welt. Die Menschheit hat die Schwelle zu einem globalen Zeitalter, auch wenn es manche nach wie vor nicht wahrhaben wollen, überschritten. Zwar wird der Mensch von Seiten der Soziobiologie[1] oder der biologischen Evolutionsforschung als ein Nahbereichswesen charakterisiert, doch widerspricht diese Annahme in jeglicher Hinsicht der soziologischen Diagnose, dass wir längst zu einer Weltgesellschaft geworden sind und unser Leben in dieser gestalten müssen. Das Ausmaß, in dem unsere Lebenswelt in globale Bezüge eingebunden ist, ist unübersehbar: Grenzüberschreitender Austausch und grenzüberschreitende Produktion nicht nur von Waren, Dienstleistungen und Kapital, sondern auch – weniger erfreulich – von ökologischen Risiken, Terrorgefahren, Wirtschaftskrisen etc. Grenzüberschreitende Mobilität von Personen, die wiederum einen grenzüberschreitenden Austausch von Informationen und kulturellen Gütern begünstigt. Einhergehend mit der Globalisierung bzw. Denationalisierung sozialer Handlungszusammenhänge verändern sich auch die Reichweite und die Qualität zwischenmenschlicher Beziehungen, verschiebt sich das Koordinationssystem moralischer Maßstäbe.

„Die Menschen der Gegenwart leben in unterschiedlichen historischen Zeiten und Kulturen, in sich aneinander stoßenden Ungleichheiten. Sie nehmen an globalen Prozessen Teil, in denen sich Angleichung und Differenzierung, Differenzierung und Entdifferenzierung, Anpassung und Widerstand gleichzeitig vollziehen und in denen die Angleichung der Lebenschancen unter Beibehaltung der kulturellen Vielfalt die Aufgabe ist" (Merkel/Wulf 2002:11)

---

[1] Der Begriff „Soziobiologie" stammt aus der US-amerikanischen Verhaltensbiologie der 40er Jahre und wendet evolutionäre Theorien auf soziales Verhalten an. Soziobiologen sind bemüht anhand von Untersuchungen menschlicher Gesellschaften zu zeigen, dass auch menschliches Verhalten einer natürlichen Selektion und Reproduktionserfolgsdruck unterliegt (Vgl. Byron/Holcomb 2005)

Mit der Globalisierung werden Pluralisierungsprozesse ausgelöst, die eine ethische und kulturell-religiöse Heterogenisierung der Gesellschaften unweigerlich zunehmen lassen und deshalb ist es absehbar, dass der konstruktive Umgang mit kultureller Vielfalt und vor allem mit kultureller Andersheit in den kommenden Jahren nicht nur zu den Schlüsselqualifikationen von Managern in weltweit agierenden Unternehmen gehört, sondern sich auch zu einem allgemeinen Bildungsziel bzw. Bestandteil einer jeden Persönlichkeit und zum Erfolgsfaktor für ein produktives Erleben kultureller Vielfalt herausbilden wird. Angesichts der Globalisierung wichtiger Lebensbereiche und einer weltweiten politischen, wirtschaftlichen und kulturellen Integration bedarf es einer verstärkten Akzeptanz von Differenzen und einer Förderung von Gemeinsamkeiten. Dabei sind Spannungen zwischen dem Lokalem, dem Regionalem und dem Globalen unvermeidbar.

Die Lebensbedingungen von Bürgerinnen und Bürgern in einem globalen Zeitalter verlangen nach spezifischen Kompetenzen. Lee Anderson hat diese bereits 1979 in vier große Bereiche kategorisiert, die sich verkürzt in den Stichwörtern „Teilhabe und Teilnahme an der globalen Gesellschaft", „Entscheiden", „Urteilen" und „Einfluss ausüben" darstellen lassen (Vgl. Anderson 1979: 335ff.). Diese müssen meiner Meinung nach durch eine weitere wichtige soziale Kompetenz erweitert werden, nämlich den Umgang mit Menschen fremder Kulturen. Die Öffnung des menschlichen Wahrnehmungs-, Denk-, Urteils- und Handlungsfeldes zum Horizont einer globalen Gesellschaft ebenso wie die Befähigung mit Widersprüchen umgehen zu können, gelten daher als die zentrale pädagogische Aufgabe der Gegenwart.

Interkulturelle Kompetenz und Kosmopolitismus bzw. die Idee des Weltbürgertums gehören zu den geläufigen Begriffen, die immer wieder im Zusammenhang zu den genannten Phänomenen genannt werden und die es den Menschen ermöglichen sollen, nicht nur die Zusammenhänge zwischen lokaler, regionaler und globaler Ebene zu erkennen, sondern auch eine

Handlungskompetenz für das multikulturelle Zusammenleben, internationale Kooperation und das globale Zeitalter zu entwickeln.

In der vorliegenden Studie sollen vor allem Antworten auf die Frage gesucht werden, was unter interkultureller Kompetenz und Kosmopolitismus grundsätzlich zu verstehen ist und inwiefern sie eine Herausforderung für die Pädagogik darstellen.

Um sich dem Inhalt des Begriffs „interkulturelle Kompetenz" anzunähern und ihm eine theoretische Basis zu schaffen, werden im ersten Kapitel grundlegende Begrifflichkeiten geklärt, die dafür notwendig sind, die Reichweite des Verständnisses einzugrenzen. Im zweiten Kapitel wird das Konzept interkultureller Kompetenz genauer beleuchtet. Es werden verschiedene Definitionsmodelle vorgestellt, die abschließend einer kritischen Analyse unterzogen sowie auf ihre Anwendbarkeit geprüft werden.

Dass die Idee einer kosmopolitischen Bildung keine Innovation ist, die aus den gesellschaftlichen Umbrüchen aufgrund der Globalisierung entsprungen ist, sondern bereits in der vorchristlichen Antike ihre Wurzeln hat, wird im vierten Kapitel verdeutlicht. Als erstes wird ein Überblick über die Entstehungsgeschichte der kosmopoliten Idee gegeben, in dem die wichtigsten Vertreter und ihre Gedanken skizziert werden. Im anschließenden Kapitel werden auf der Basis der historischen Erkenntnisse die Bildungskonzepte herausgearbeitet. Das sechste Kapitel befasst sich damit, ein Bildungskonzept in kosmopolitischer Absicht aufzustellen. Dafür werden in einem ersten Schritt das Bildungsziel und das Verständnis von Bildung definiert. In einem zweiten Schritt werden die antiken und neuzeitlichen Konzepte untersucht und überprüft, welche Aspekte heutzutage nach wie vor von Bedeutung sind. Als drittes werden Aspekte von Theorien verschiedener Autoren vorgestellt, die die Eckpfeiler eines aktuellen Bildungskonzeptes darstellen. Abgeschlossen wird mit einer kurzen Skizze davon, wie ein solches Konzept aussehen könnte.

Kapitel 1

Bausteine interkultureller Kompetenz. Begriffsklärung und theoretische Grundlagen

1.1 Der Kompetenzbegriff

Im Alltag lässt sich Kompetenz auf zwei verschiedene Weisen interpretieren. So weist der Begriff einerseits eine Fähigkeit, andererseits Befugnisse im Sinne von Entscheidungskompetenzen auf. In der Bildungsforschung und auch in diesem Buch geht es jedoch ausschließlich um die erste Bedeutung. Vereinfacht dargestellt wird unter Kompetenz eine (kaum genauer zu erklärende) Kombination einzelner Fähigkeiten, Fertigkeiten, Vermögen und Eigenschaften verstanden, die ein Individuum dazu befähigen, etwas Bestimmtes zu tun. Es ist anzumerken, dass sich Kompetenz nicht mit dem Begriff der Erfahrung gleichsetzen lässt. Durch Erfahrungslernen können durchaus Kompetenzen erworben werden, doch ist erst von einem Kompetenzerwerb zu sprechen, wenn neue Ereignisse und Anforderungen in ein bereits vorhandenes Modell integriert werden können, also neues sinnvoll mit bereits vorhandenem Wissen verknüpft wird (Vgl. Bittner/Reisch 1994: 104ff.).

1959 führt Roger W. White den Kompetenzbegriff in die Motivationspsychologie ein und grenzt ihn definitorisch klar von anderen mentalen Fähigkeiten ab. Kompetenz bezeichnet die Ergebnisse der Entwicklung grundlegender Fähigkeiten, die nicht angeboren oder das Produkt von Reifeprozessen sind, oder auch nicht ausreichend durch die klassischen Triebtheorien der Psychoanalyse oder der psychologischen Lerntheorie erklärt werden können. Zum größten Teil bringt das Individuum die Ergebnisse dieser Entwicklungen selbstständig hervor. White nimmt ein Wirksamkeitsmotiv (*effectance motive*) an, das auf wirkungsvolle Interaktionen mit der Umwelt drängt und so die Entwicklung von Kompetenzen fördert. Das Individuum entwickelt also seine Kompetenzen weniger im Dienst der Bedürfnisbefriedigung oder Triebstillung, sondern um der Fähigkeiten und Interaktionen mit der Umwelt selbst willen (Vgl. Heckhausen 1976:922).

Der Zusammenhang zwischen Kompetenz und der erfolgreichen Bewältigung komplexer Anforderungen ist allerdings nicht von deterministischer, sondern von wahrscheinlichkeitstheoretischer Natur. Kompetenzen stellen notwendige, aber noch keine hinreichenden Voraussetzungen für ein erfolgreiches Handeln dar. Erst in einer konkreten Situation wird deutlich, wie kompetent der Handelnde wirklich ist, denn nur im Idealfall sind Kompetenzen mit dem konkreten Handeln identisch. Daher müssen in eine Kompetenzdefinition neben kognitiven auch motivationale und emotionale Aspekte eingeschlossen werden. Darüber hinaus dürfen Bereitschaften und Selbstkonzepte als wichtige Aspekte, die individuelles Handeln beeinflussen, nicht außer Acht gelassen werden. Angelehnt an Weinert soll für die aufbauenden Kapitel folgende Definition als Grundlage dienen: Kompetenzen sind *„die bei Individuen verfügbaren oder bei ihnen erlernbaren kognitiven Fähigkeiten und Fertigkeiten, bestimmte Probleme zu lösen, sowie die damit verbundenen motivationalen, volitionalen und sozialen Bereitschaften und Fähigkeiten, die Problemlösungen in variablen Situationen erfolgreich und verantwortungsvoll nutzen zu können"* (Weinert 2001 nach Maag Merki 2009:502).

Die Eigenart des Kompetenzbegriffes, der wie viele sozial- und geisteswissenschaftliche Begriffe nicht im Konsens definierbar ist, lässt sich besonders gut in Gegenüberstellung zum Begriff Intelligenz, deren Gleichsetzung häufig fälschlicherweise vollzogen wird, aufzeigen. Trotz vieler Definitionsunterschiede ist allen Definitionen die Betonung der Bedeutung von Übung und Lernprozessen für die Kompetenzentwicklung gemeinsam. Kompetenz gilt daher als lern- und beeinflussbar und wird durch das Sammeln von Erfahrungen in bestimmten Bereichen und Situationen erworben. Intelligenz hingegen wird als relativ stabil und zu bedeutsamen Teilen durch biologische Faktoren eingeschränkt, beschrieben. Zeitliche Veränderungen in Leistungsmaßen werden im Kontext der Intelligenzforschung eher als problematisch gesehen, da sie im Widerspruch zum Konzept der Intelligenz als stabiles Persönlichkeitsmerkmal stehen. Umgekehrt ist es im Kompetenzkonzept: Hier stellen Veränderbarkeit und das Potenzial für Interventionen gerade ein wesentliches Kriterium dar.

Ein weiterer Unterschied zeigt sich im Bezug auf den Grad der Kontextualisierung. Während Kompetenz als kontextualisierte Fähigkeit definiert wird, um in spezifischen Situationen spezifischen Anforderungen gerecht zu werden, handelt es sich bei der Intelligenz um eine generalisierte Fähigkeit, d.h. um die Fähigkeit, ohne spezifisches Vorwissen neue Probleme zu lösen. Die Binnenstruktur ergibt sich daher bei der Kompetenz aus Situationen und Anforderungen, bei der Intelligenz aus kognitiven grundlegenden Prozessen (Vgl. Maag Merki 2009:492-506).

1.2 Kultur – ein umstrittener Begriff

Definitionsversuche des Kulturbegriffs sind so zahlreich und mehrdeutig, dass aus diesem Grund Erwartungen an eine verbindliche und *richtige* Bedeutungsregelung enttäuscht werden müssen. *Den* allgemeingültigen Kulturbegriff gibt es nicht. Es ist allerdings notwendig, sich damit auseinanderzusetzen, was unter Kultur verstanden wird. Dabei geht es weniger darum *die* Kulturdefinition aufzustellen, sondern vielmehr, wichtige Erkenntnisse, die bei den Definitionsbemühungen gewonnen worden und die für die Bestimmung interkultureller Kompetenz von Belang sind, festzuhalten und nicht zuletzt, um eine Basis für das vorliegende Buch zu schaffen.

Zuvor ist anzumerken, dass der Kulturbegriff trotz seiner Vieldeutigkeit, zwei Aspekte beinhaltet, die in sämtlichen Definitionen wiederzufinden sind. Erstens den symbolischen Charakter und zweitens die Orientierungsfunktion von Kultur. Dieser Funktionsbestimmung entspricht, dass Werte und Normen ebenso wie kulturelle Symbole allgemein als elementare Bestandteile von Kultur verstanden werden. Dabei sind diese nicht als starre Gebote oder festgelegte Rituale zu verstehen, sondern als Alltagsphänomene. Willis, ein Vertreter der *Cultural Studies*, spricht vom „kulturellen Moment" an der Produktion und Reproduktion der Lebensverhältnisse, das die kollektive Aktivität der Bedeutungsgebung betrifft. Rituale des Miteinander-Kommunizierens, Wohn- und Kleidungsstile usw. gelten als Definitionsmerkmalen des Symbolischen und gleichzeitig des Kulturellen. Die kulturellen Symbole dienen der Verständigung, der Darstellung nach außen.

Kultur lässt sich daher als Repertoire an Kommunikations- und Repräsentationsmitteln definieren. Nicht zuletzt dienen symbolische Mittel wie Kleidung der Repräsentation des Selbst und so kommt neben der Orientierungsfunktion der Kultur auch eine Identitätsfunktion zu. Gleichzeitig liegt an dieser Stelle der Hinweis auf eine Distinktionsfunktion von Kultur nahe (Vgl. Auernheimer 2003:73ff.).

Zusammengefasst dient also Kultur der Deutung des gesellschaftlichen Lebens und damit der Orientierung des Handelns. Der Kulturanthropologe Geertz definiert sie als *„das Geflecht von Bedeutungen, in denen die Menschen ihre Erfahrung interpretieren und nach denen sie ihre Handeln ausrichten"* (Geertz 1983:99). Dieser erweiterte, lebensweltlich orientierte Kulturbegriff hat sich in der interkulturellen Forschung durchgesetzt. Denn: *„Er ist nicht auf das vermeintlich ‚Besondere' eingeschränkt, sondern umfasst alle Lebensäußerungen. Hierzu zählen Religion, Ethik, Recht, Technik, Bildungssysteme, materielle und immaterielle Produkte ... Kultur wenn man sie als Lebenswelt versteht, zeichnet sich dadurch aus, dass sie zwar geschaffen und durch eine gewisse Organisiertheit ausgezeichnet ist. Allerdings geschieht dies in Wechselwirkung mit der natürlichen Umwelt, so wie umgekehrt die natürliche Umwelt durch die „Kultur" im Sinne der ‚geschaffenen' Lebenswelt beeinflusst ist"* (Bolten 2007a:13).

Der erweiterte, lebensweltliche Kulturbegriff grenzt nicht aus, sondern integriert, ihm liegt keine zeitlos-statische, sondern eine historisch-dynamische Bedeutung zu Grunde und er versucht sich Werturteilungen zu entziehen. Aus dieser Perspektive gilt dementsprechend: Eine Gesellschaft hat keine Kultur, sondern ist eine Kultur. Dabei bleibt anzumerken, dass diese Kulturen weder homogen noch klar voneinander abgrenzbar sind und einem dynamischen Wandel unterliegen (Vgl. ebd.:16).

Unter den Bedingungen der Globalisierung hat sich heute die gedachte Einheit von Raum, Gruppe und Kultur als Fiktion erwiesen. Globalisierte Finanz- und Warenmärkte, weltweite Medienstrukturen und Migrantenströme haben zu einer exponentiellen Zunahme kultureller Austauschprozesse geführt. Im Zuge dieser Kontakte verschwinden zahlreiche traditionelle Lebensformen. Lokale Kulturen verändern sich und gehen ungewohnte Kombinationen ein. Die Grenzen zwischen dem Eigenen und dem Fremden verwischen zusehends. Überall sind menschliche Lebenswelten kulturell heterogen geworden. Das Fremde beginnt gleich nebenan. Wir leben mit Ein- und Auswanderern, mit ihren Sprachen, Religionen, Weltsichten, die überall auf der Welt ein Teil der lokalen Welten geworden sind. Der gewandelte prozesshafte Kulturbegriff versucht daher den Widersprüchen, der Vermischung und jener neuen Diversität gerecht zu werden, die stärker auf Verbindungen als auf Autonomie basieren. Weiterhin impliziert dieses Kulturverständnis, dass interkulturelle Kommunikation nicht zwischen Kulturen stattfindet, sondern als interpersonale Interaktion zwischen Individuen.

1.3 Multikulturalität – Transkulturalität – Interkulturalität

In Verbindung mit dem großen Schlagwort Globalisierung und seinen Folgen werden die Schlüsselbegriffe „multikulturell", „transkulturell" und „interkulturell" in der heutigen Zeit allerorts und zu fast allen Zwecken benutzt ohne sich ihrer differenzierten Bedeutung und Tiefenschärfe bewusst zu sein.

Um sich dem Begriff der interkulturellen Kompetenz anzunähern und ihm einen spezifischen Raum zuweisen zu können, ist es notwendig, ihn von den anderen beiden – ebenso populären – Begriffen abzugrenzen.

Die Theorie des Multikulturalismus geht zurück auf den kanadischen Politikwissenschaftler und Philosophen Charles Taylor, der auf die Frage, wie ein Land ohne Nation und eine Nation ohne Konsens existieren könne, mit dem prinzipiellen Aufweis des menschlichen Grundbedürfnisses nach Anerkennung nicht nur als Individuum, sondern auch als Zugehöriger einer bestimmten Gruppe, antwortet.

In der multikulturellen Gesellschaft leben verschiedene ethnische und kulturelle Gruppen nebeneinander, basierend auf der Voraussetzung, dass die Angehörigen der jeweiligen Ethnien sich gegenseitig Verständnis, Respekt und Toleranz entgegenbringen und sich einander als gleichberechtigt anerkennen. Das Prinzip von einer allgemeinen Gesetzmäßigkeit, nach welcher von allen zu handeln ist, besteht in der Entfaltung von Pluralität und Freiheit und es soll keinen staatlichen oder nichtstaatlichen Anreiz oder Druck zur Assimilation geben.

Seine Ursprünge hat der Multikulturalismus in der Vitalität und Widerstandskraft aufbegehrender Minderheitskulturen, doch in seiner Politik kann er auch Tendenzen der Zementierung kollektiver Identitäten und gleichzeitig Differenzen befördern, so z.B. das Bild von Kultur als ein stabiler und isolierter Container von Sitten und Gebräuchen. Damit provoziert auf implizite Art und Weise, was er im ursprüngliche Sinn bekämpfen wollte: Diskriminierung und Nationalismus. *„Wo sich alles um Sprache, Ethnie, Religion, Herkunft dreht, ist das Sprechen von Rasse nicht weit; wo Differenzen institutionalisiert werden, funktionieren Individuen nur in der kulturellen Gruppe, welche sie nicht immer selbst gewählt haben"* (Hollinger 1995 nach Demorgon/Kordes 2006:31).

Transkulturalität geht im Wesentlichen auf den deutschen Philosophen Wolfgang Welsch zurück und gründet in der Annahme, dass Kulturen heutzutage intern durch eine Pluralisierung möglicher Identitäten gekennzeichnet sind und zur gleichen Zeit extern grenzüberschreitende Konturen aufweisen. Die traditionelle Form von Kultur als starres Gehäuse wird durch eine neuartige ersetzt, die über die klassischen Kulturgrenzen wie selbstverständlich hinwegschreitet. Anstelle der separierten Einzelkulturen ist eine interdependente Globalkultur entstanden, die sämtliche Nationalkulturen verbindet und bis in Einzelheiten hinein durchdringt, diese dabei aber nicht verdrängt und in einer uniformen Weltkultur vereint. Das Konzept der Transkulturalität benennt diese veränderte Verfassung der Kulturen und versucht, daraus notwendige konzeptionelle und normative Konsequenzen zu ziehen (Vgl. Welsch 1995:3f.).

Der Begriff Interkulturalität fokussiert nicht wie die beiden vorangegangen Differenzen (Multikulturalität) oder Gemeinsamkeiten (Transkulturalität), sondern Überlagerungen (Interferenzen), wechselseitige Abhängigkeiten (Interdependenzen) und gegenseitige Durchdringungen von Grenzen und Kontakten. Kurz gesagt: Die Welt zwischen den interagierenden Individuen. Schon der lateinische Präfix „inter" verweist auf Wechselseitigkeit, Reziprozität, Teilungs- und Zuteilungsverhältnisse sowie Angaben von Differenzen. Das *Inter*kulturelle impliziert die Vielfalt und Vielschichtigkeit der Kulturen und daher versteht sich Interkulturalität auch als ein Dialog zwischen der Eigenkultur auf der einen und der Fremdkultur auf der anderen Seite und betont so eine funktionierende Wechselseitigkeit zwischen Eigenem und Fremden (Vgl. Pan 2008:30f.).

Für interkulturelle Arbeit bedeutet Kultur weder nur die inhaltlichen Aspekte wie Sitten und Gebräuche, Werte und Anerkennungskämpfe bestimmter Gruppen wie es der Begriff Multikulturalität beinhaltet und auch nicht formale Rechtsprinzipien und Normen, Interessen und Verteilungskämpfe einer Gesellschaft wie in der Transkulturalität. Kultur bezeichnet in diesem Zusammenhang vielmehr eine qualitative Art und

Weise, wie Menschen in sozialen Gruppen ihre Beziehungen zu ihrer Umwelt pflegen. Die interkulturelle Problematik beschränkt sich daher nicht nur auf die Beziehung zwischen Kulturen und Politik (Multikulturalität) oder nur auf den Zusammenhang zwischen Zivilgesellschaft und Individuen (Transkulturalität), sondern umfasst das Gesamtverhältnis zwischen kulturellen, gesellschaftlichen und weltsystemischen Wirklichkeiten (Vgl. Demorgon/Kordes 2006:33ff.).

Bolten versteht Interkulturalität als etwas, was sich zwischen unterschiedlichen Lebenswelten ereignet. Interkulturen entstehen, wenn Mitglieder unterschiedlicher Lebenswelten gemeinschaftlich handeln. Er betont, dass Interkulturen nicht einfach vorhanden sind, sondern nur in Abhängigkeit ihrer Beteiligten existieren (Vgl. Bolten 2007a:22). Interkulturelle Begegnung stellt nicht nur ein bloßes Bemühen um Dialog dar und interkulturelle Verständigung erfolgt nicht durch das Anerkennen des Anderen und des Fremden (Multikulturalität) und auch nicht durch das Anerkennen des Gemeinsamen und Vertrauten (Transkulturalität), sondern durch die Bearbeitung der Zwischenräume und Zwischenperspektiven zwischen dem Eigenem und dem Anderem, dem Vertrauten und dem Fremden.

Abschließend bleibt festzuhalten, dass Interkulturalität nicht eine multikulturelle oder transkulturelle Schließung der Geschichte beabsichtigt, sondern sich in stetiger Such- und Protestbewegung befindet mit dem Zweck, immer wieder Geschichte zu eröffnen. Diese permanente Neueröffnung ist als ein dynamisches Element zu verstehen, das weit über das Partikulare der vielen Kulturen sowie Gruppen und das Universale diverser Internationalen hinausgeht (Vgl. Demorgon/Kordes 2006:27-36).

Kapitel 2

Interkulturelle Kompetenz – Ein komplexes Konzept

Auch wenn weitgehend von einem Konsens hinsichtlich der Relevanz von interkultureller Kompetenz gesprochen werden kann, ist nach wie vor keine Einigkeit darüber erzielt worden, was genau unter interkultureller Kompetenz zu verstehen sei, wie diese konzeptualisiert und gefördert werden kann.

Abstrakt und weitgefasst formuliert, handelt es sich um ein Profil von verschiedenen Fähigkeiten und Fertigkeiten, die das Subjekt in die Lage versetzen, sich in interkulturellen Überschneidungssituationen angemessen zu verhalten. Das heißt, dass die Begegnung mit dem Anderen, mit Personen aus einer fremden Kultur, im Empfinden, Denken und Verstehen sowie im Handeln des Subjekts friedfertig, verständigungsorientiert und somit auch konstruktiv und produktiv abläuft, so dass am Ende ein beidseitiger positiver kultureller Austausch stattfindet.

Dieser weitläufigen Definition, die jedoch weiterer Differenzierung bedarf, können sich die meisten der unterschiedlichen und von ihrer Anzahl her kaum übersehbaren Modelle zur Beschreibung und Entwicklung interkultureller Kompetenz anschließen. Einheit herrscht weiterhin über die Annahme, dass interkulturelle Kompetenz weitaus komplexer zu begreifen sei als ein effizientes Funktionieren in einer fremden Gesellschaft oder Umgebung, und dass es von großer Bedeutung sei, die Begrifflichkeit keinesfalls im Singular zu verwenden, da es sich bei *„interkultureller Kompetenz nämlich keineswegs um eine einzige Fertigkeit oder Fähigkeit, eine einzige Eigenschaft, die der Lerner zu erwerben hat, [handelt], sondern vielmehr um ein vielschichtiges Geflecht unterschiedlicher Teilkompetenzen, die alle ausgebildet und miteinander vernetzt sein müssen, um fruchtbare interkulturelle Interaktion zu ermöglichen"* (Antor 2007:112).

Bei einem Rückblick auf die fast vierzigjährige Entwicklungsgeschichte von theoretischen Ansätzen zur Beschreibungen von interkultureller Kompetenz wird deutlich, dass sich das Spektrum in drei große Modelle unterteilen lässt, Listen-, Struktur- und Prozessmodelle. Entscheidungen für eines dieser Modelle als Basis für die Praxis werden zum größten Teil implizit getroffen. Eine solche Entscheidung nimmt jedoch erheblichen Einfluss darauf, wie sich das Bildungsziel und auch der Bildungsprozess gestalten. Eine Erläuterung der einzelnen Modelle erfolgt in den folgenden Kapiteln.

2.1 Definitionsmodelle Interkultureller Kompetenz

2.1.1 Listen- und Strukturmodelle

Konzeptualisierungen interkultureller Kompetenz haben sich seit dem Beginn entsprechender Forschungsreihen in den fünfziger Jahren hauptsächlich an Beschreibungen von Persönlichkeitsmerkmalen erfolgreicher *Expatriats*[2] orientiert und daraus interkulturelle Teilkompetenzen abgeleitet. Auf diese Weise sind umfassende Merkmalslisten entstanden, die interkulturelle Kompetenz additiv als Summe verschiedener Teilkompetenzen verstehen. Diese so genannten Listenmodelle sind angesichts der Fülle von Befunden nicht nur unabgeschlossen, sondern unterliegen vor allem einer gewissen Beliebigkeit, obwohl sie sich gerade wegen ihrer quantitativen Vielfalt und vermutlich auch ihrer vergleichsweise leichten Operationalisierbarkeit im Rahmen interkultureller Trainings als relativ stabile Merkmalskerne herauskristallisiert haben. Als Teilkompetenzen werden in solchen Listenmodellen hauptsächlich „Fremdsprachenkenntnisse", „Aufgeschlossen-heit", „Flexibilität", „Empathie", „Anpassungsfähigkeit", „Optimismus", „Ambiguitätstoleranz", „Kontaktfähigkeit" sowie „Rollendistanz" aufgeführt (Vgl. Bolten 2007b:22).

---

[2] Ein *Expatriat* (engl. expatriate; von lat. ex aus, heraus; patria Vaterland) ist jemand, der vorübergehend oder dauerhaft, aber ohne Einbürgerung in einem anderen Land oder Kulturkreis lebt als dem seiner Abstammung.

In kritischer Abgrenzung zu den Listenmodellen, da diese aufgrund ihrer Vielfältigkeit in der Summe zu sehr differenten Definitionen dessen, was interkulturelle Kompetenz beinhaltet, führen, haben sich seit den neunziger Jahren im Anschluss an Gersten so genannte Strukturmodelle zur Beschreibung interkultureller Kompetenz etabliert. Diese ermöglichen aufgrund ihrer Systematik eine größere Verbindlichkeit. Sie stammen überwiegend aus der Sozialpsychologie und klassifizieren interkulturelle Kompetenz in drei interdependente Dimensionen: kognitive, affektive und verhaltensbezogene bzw. pragmatische Teilkonstrukte (Vgl. Stüdlein 1997:154ff.). Viele Autoren sprechen daher auch von der Dreidimensionalität interkultureller Kompetenz. Auf den folgenden Seiten werden die einzelnen Dimensionen des Strukturmodells näher beleuchtet und abschließend kritisch analysiert und bewertet.

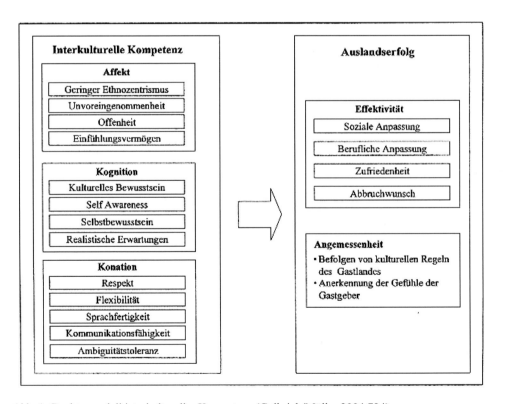

Abb. 1. Strukturmodell interkultureller Kompetenz (Gelbrich/Müller 2004:794)

2.1.1.1Kognitive Dimension

Die kognitive Dimension setzt eine Aneignung von Wissen voraus und gilt daher als eine wesentliche Voraussetzung für die Interpretation des Verhaltens des fremdkulturellen Interaktionspartners und für die Reflexion des eigenen angemessenen und effizienten Verhaltens in interkulturellen Situationen. Schenk (2001) nennt diese Dimension auch „Interkulturelle Bewusstheit". Kurz gesagt, beinhalten diese kognitiven Aspekte neben Kenntnissen der fremden oder anderen Kultur auch ein Wissen über anthropologische, psychologische, philosophische und soziologische Grundlagen menschlichen Verhaltens in der Auseinandersetzung mit Alterität und schließlich ein kritisches Wissen über die eigene Kultur (Vgl. Antor 2007:112).

Zu den Kenntnissen der fremden Kultur zählt vor allem, so sehr es auch von manchen Autoren kritisiert und müde belächelt wird, ein landeskundliches Wissen. Antor argumentiert, dass gerade solche Kenntnisse, zu denen er neben geografischen und geschichtlichen Aspekten, ein Wissen über politische Systeme und Institutionen sowie das Rechtssystem, die Wirtschaft auch Kunst, Literatur und Sprache genauso wie die *codes of behaviour* des fremdkulturellen Alltags zählt, einen kognitiven Rahmen geben, innerhalb dessen eine hermeneutische Annährung an eine andere Kultur erst möglich wird (Vgl. Antor 2007:113f.).

Bittner/Reisch betonen jedoch, dass sich die Wissenskompetente interkultureller Kompetenz nicht nur auf ein oberflächliches oder punktuelles Wissen vereinzelter Grundannahmen, Werte und Normen sowie Denk- und Verhaltensweisen beschränken sollte. Vielmehr beinhalte sie, dass das Grundmuster bzw. die innere Logik einer fremden Kultur erschlossen werden soll (Vgl. Bittner/Reisch 1994:126f.). An dieser Stelle wird die Bedeutung des Kulturverständnisses für die Annährung an den Begriff interkultureller Kompetenz abermals deutlich. Um den Einfluss von Kulturstandards auf das Verhalten in interkulturellen Überschneidungssituationen zu erfassen, ist es notwendig, ein Konzept und ein Verständnis dafür zu entwickeln, was Kultur ist, wodurch sie geprägt wird und worauf sie Auswirkungen haben kann.

Stüdlein schlägt daher eine Erweiterung der kognitiven Dimension um folgende Aspekte vor: Das Verständnis des Kulturkonzeptes bzw. des Phänomens Kultur, insbesondere ihres Einflusses auf Wahrnehmung, Denken, Einstellungen sowie Verhaltens- und Handlungsweisen. Diesem Aspekt muss eine zentrale Bedeutung beigemessen werden, da ohne ein entsprechendes Verständnis weder ein adäquates Verständnis der Kultur des Interaktionspartners noch das Verständnis der eigenen Kultur möglich ist. Ein bewusstes und tiefgehendes Verständnis der eigenen Kultur ist nach Auffassung verschiedener Autoren sogar bedeutender als die Kenntnisse über die Kultur des Interaktionspartners. Denn erst durch die Reflexion des Eigenen wird ein Verständnis der Kulturunterschiede zwischen den Interaktionspartnern auf den Ebenen basaler Annahmen, Werte und Normen sowie interkultureller Artefakte ermöglicht. Weiterhin sind ein Verständnis der Besonderheiten interkultureller Kommunikation und Interaktion und damit ein Verständnis ihrer inhärenten Komplexität bzw. ihren Barrieren und Problembereichen nötig. Dies beinhaltet ferner ein grundlegendes Verständnis davon, dass die Ursachen von Missverständnissen und Probleme zum größten Teil in der kulturellen Differenziertheit der Interaktionspartner zu finden sind (Vgl. Stüdlein 1997: 157ff.).

Als weiteren wichtigen Aspekt der interkulturellen Bewusstheit ist die Alteritätskompetenz zu erwähnen. Sie umfasst ein Wissen um die Notwendigkeit von Alterität, da ohne diese keine Subjektivität bzw. Identität möglich ist. Die Einsicht, dass das Andere oder das Fremde zur Bedingung des Eigenen nötig ist, kann entscheidend dazu beitragen, dass auf der affektiven Ebene Angst- und Ablehnungsreflexe gegenüber dem fremdkulturellen Interaktionspartner gemildert oder sogar vermieden werden können. Außerdem spielt das Wissen um Alterität eine wichtige Rolle beim Aufbau einer positiven und neugierigen Offenheit gegenüber fremden Kulturen und stellt auch damit eine Voraussetzung für einen friedfertigen und konstruktiven Umgang mit ihren Angehörigen dar (Vgl. Antor 2006:214f.). Schenk fügt diesen Aspekt betreffend eine „Awareness" für sich selbst und für interkulturelle Prozesse hinzu. Erst durch ein klares Rollenkonzept seiner selbst sei der Mensch zur Übernahme fremdkultureller Perspektiven fähig (Vgl. Schenk 2001:56).

2.1.1.2 Affektive Dimension

Da sich interkulturelle Missverständnisse größtenteils und zu allererst auf der affektiven Ebene ereignen, ist für Bennett die interkulturelle Sensibilität die wichtigste Komponente der interkulturellen Kompetenz. Seiner Meinung nach seien die anderen Ebenen, welche er als „mindset" und „skillset" betitelt, zwar für die Entwicklung interkultureller Kompetenz notwendig, jedoch ohne die dritte Komponente der interkulturellen Sensibilität nicht ausreichend. Interkulturelle Sensibilität sei allerdings nicht nur als eine bloße positive Einstellung gegenüber kulturellen Unterschieden oder als der Wunsch, sich mit fremdkulturellen Menschen gut zu verstehen, zu betrachten. Vielmehr lässt sie sich als ein bewusstes Wahrnehmen der kulturellen Unterschiede zusammenfassen *„The ability to experience cultural difference"* (Bennett 2001:218).

2.1.1.2.1 Exkurs. Milton Bennetts Entwicklungsmodell interkultureller Sensibilität

Die Sensibilisierung im interkulturellen Umgang gründet nach Bennett auf Wahrnehmung und Erfahrung. Ein von ihm postuliertes aus sechs Entwicklungsstufen der Wahrnehmung und des Umgangs mit interkulturellen Unterschieden bestehendes Modell geht von einer ethnozentrischen Weltsicht aus und endet in einer ethnorelativen Weltsicht. Der Mensch entwickelt also im Umgang mit kulturellen Unterschieden interkulturelle Sensibilität.

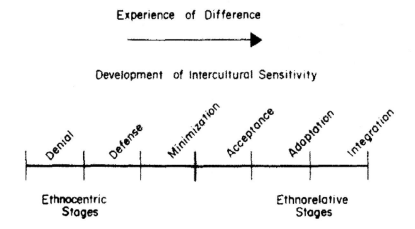

Abb. 2: Entwicklungsmodell Interkultureller Sensibilität nach Milton Bennett (Bennett 1986:182).

Ausgangspunkt ist der Zustand der Verleugnung *(denial)*, in welchem die Person ihre Kultur als die *einzig wahre* Realität erfahre, fremde Kulturen ignoriere und so Kulturunterschiede ebenso wenig wahrnehme. In der darauffolgenden Entwicklungsphase der Abwehr *(defense)* werde damit begonnen, andere Kulturen wahrzunehmen, allerdings auf stereotypisierende Weise. Die eigene Kultur gelte nach wie vor als die *einzig wahre*. Erst in der Minimalisierungs- oder Verharmlosungsphase *(minimalization)* werden menschliche, universelle Gemeinsamkeiten wahrgenommen und Unterschiede nivelliert, allerdings fehle es nach wie vor an einem kulturellen Selbstverständnis. In der anschließenden Phase, der Akzeptanz *(acceptance)*, vollziehe sich ein signifikanter Schritt hin zum ethnorelativierenden Wahrnehmen. Das Individuum erkenne seinen eigenen kulturellen Kontext und akzeptiere die Unterschiede zu den fremden Kulturen. Entsprechende interkulturelle und funktionierende zwischenmenschliche Aktionsradien werden geschaffen und eine Neugierde auf sowie Respekt gegenüber den anderen Kulturen können wahrgenommen werden. Daran schließe die Anpassung oder Adaptierung an *(adaption)*. Durch die Akzeptanz der kulturellen Unterschiede in der vorangegangenen Phase entwickele sich Empathie und so auch die Möglichkeit, nun die Welt ebenfalls aus dem Blickwinkel des fremdkulturellen Gegenübers wahrzunehmen. Dadurch werde gleichzeitig die Kommunikation erleichtert und ein bewusster Umgang mit den fremden Kulturen ermöglicht. Abgeschlossen wird das Entwicklungsmodell mit der Phase der Integration *(integration)*. Der entwickelte multikulturelle Blickwinkel sei zu einem Teil der Persönlichkeit des Individuums geworden und ermögliche diesem, sich nun problemlos und reflektiert zwischen den Kulturen bewegen zu können (Vgl. Bennet 1986: 179-187).

„In the language of this model, a person who has integrated differences is one who can construe differences as processes, who can adapt to those differences, and who can additionally construe him or herself in various cultural ways" (Bennett ebd.:186).

In anderen Konzeptualisierungen interkultureller Kompetenz ist die Bedeutung der affektiven Dimension eher umstritten. Zahlreiche Studien untersuchen interkulturelle Kompetenz vor dem Hintergrund eines eigenschaftstheoretischen Ansatzes und identifizieren Persönlichkeitsmerkmale und Einstellungen, welche den interkulturell kompetenten Menschen charakterisieren. Dazu gehören hauptsächlich: Ambiguitätstoleranz, Fähigkeit zur Stressbewältigung und Komplexitätsreduktion, Frustrationstoleranz und Ausdauer, Selbständigkeit, Selbstvertrauen und Selbstbeherrschung, Flexibilität und Empathie, ebenso wie Unvoreingenommenheit bzw. Vorurteilsfreiheit. Weiterhin Offenheit, Aufgeschlossenheit und Toleranz genauso wie ein geringer Grad an Ethnozentrismus und schließlich die Bereitschaft zur Akzeptanz, Respekt sowie zum interkulturellen Lernen (Vgl. Stüdlein 1997:154f.).

2.1.1.3 Verhaltensbezogene bzw. pragmatische Dimension

Eine Person ist nicht interkulturell kompetent, wenn sie zwar positive Persönlichkeitsmerkmale aufweist und über ein hohes Maß an kulturellem Wissen und Verständnis verfügt, aber dieses nicht auszudrücken und umzusetzen weiß. Die verhaltensbezogene Dimension beinhaltet aufgrunddessen Fähigkeiten, die es dem Individuum ermöglichen sollen, die auf der kognitiven und affektiven Ebene genannten Einstellungen und Fertigkeiten erfolgreich im interkulturellen Kontext umzusetzen und zu nutzen.

Antor nennt hier an erster Stelle die fremdsprachliche Kompetenz. Seiner Meinung nach sei es eine wichtige Grundvoraussetzung für produktiven interkulturellen Austausch, die Sprache des Anderen zu sprechen und dieses sei auch keineswegs durch den Einsatz eines Dolmetschers zu ersetzen. Er argumentiert damit, dass die Sprache mehr sei als nur ‚Transportmittel' von Ideen und gedanklichen Mustern. Die Sprache gelte als wichtiges Instrument des Menschen, mit welchem er sich seine Welt konzeptualisiert und daher einen bedeutenden funktionalen Anteil an der Formung von Welt nimmt. Da auch Kulturen als Muster von Weltorganisationen sprachlich konstituiert sind, sei es unverzichtbar die Sprache des fremdkulturellen Interaktionspartners zu beherrschen, um ein partielles Eintauchen in dessen Horizont zu ermöglichen (Vgl. Antor 2007:121f.).

Stüdlein fasst die verhaltensbezogene Dimension in drei Grundfähigkeiten zusammen. Als Basisfähigkeit nennt sie den Willen und die Bereitschaft zur Kommunikation. Weiterhin muss die interkulturell kompetente Person über Kommunikationsfähigkeit verfügen, vor allem über eine ausgeprägte Fähigkeit des aktiven Zuhörens. Besonderer Bedeutung wird ebenfalls der Fähigkeit beigemessen, Respekt, Empathie und Flexibilität zu zeigen bzw. zu kommunizieren. Allerdings muss hier bedacht werden, dass die Bedeutung solchen Verhaltens zwar nahezu universell ist, die Art und Weise, wie Respekt etc. ausgedrückt und interpretiert wird, zwischen Kulturen jedoch substantiell variieren kann. Der Fähigkeit des aktiven

Zuhörens wird deshalb die zentrale Bedeutung zugeschrieben, da nur auf diese Weise Deutungsunterschiede erfasst und Missverständnisse vermieden werden können.

Schließlich spielt die soziale Kompetenz, insbesondere die Fähigkeit, zwischenmenschliche Beziehungen und Vertrauen aufbauen und pflegen zu können, eine tragende Rolle. Über gute persönliche Beziehungen sollen insbesondere mehr Informationen über angemessenes und effektives Verhalten sowie mehr Feedback über die eigenen Verhaltensweisen gewonnen werden können. Darüber hinaus schlägt Stüdlein vor, als weitere Faktoren der verhaltensbezogenen Dimension wertfreie Erkenntnis und Berücksichtigung kultureller Unterschiede, eine akkurate Attribution und die effektive Verwendung von Stereotypen anzufügen (Vgl. Stüdlein 1997:159ff.).

Antor ergänzt die Beherrschung der allgemeinen Regeln kommunikativer Kompetenz mit einer Verhandlungskompetenz und verweist auf das dialogische Modell des gegenseitig bereichernden und fordernden sowie befördernden Austausches, das als Basis für erfolgreiche interkulturelle Begegnungen auf der verhaltensbezogenen bzw pragmatischen Ebene angesiedelt ist. *„Der Prozess des Findens eines möglichst großen Fundamentes von Gemeinsamkeiten, das es dann auch ermöglicht, Unterschiede zu erkennen, anzuerkennen, zu bewundern oder auch nur zu ertragen, gestaltet sich im Sinne eines explorativen Aushandelns von Positionen im gemeinsamen Gespräch, und auch diese Art des interkulturellen Feilschens um Weltwahrnehmungs- und Weltgestaltungsmuster muss geübt werden. So hat Gick (1997) zu Recht darauf verwiesen, dass die Fähigkeit des ‚negotiating common ground' eine wesentliche Grundlage interkultureller kommunikativer Kompetenz ist"* (Antor 2007:123).

2.1.2 Kritische Beurteilung

Trotz der Differenziertheit und Systematik des Strukturmodells lassen sich dennoch zahlreiche Kritikpunkte herausarbeiten. An erster Stelle ist die fehlende Kontextualität zu nennen, besonders sei hier auf die im ersten Kapitel erwähnte These von Bolten zu verweisen, dass Interkulturen nicht einfach vorhanden sind, sondern nur in Unabhängigkeit ihrer Beteiligten existieren. Durch das Nichtbeachten der situativen Variablen gerät die Gesamtkonzeption, aber besonders die affektive Dimension in den Fokus der Kritiker.

Schenk bemängelt insbesondere, dass auf diese Weise eine Betrachtung der personalen Eigenschaften und deren Ziele außer Acht gelassen werden und so die Zuordnung der Aspekte in eine der drei Dimensionen künstlich erscheinen lässt (Vgl. Schenk 2001:58).

Daran anknüpfend wird ebenso aus wissenschaftlicher Sicht gegen den eigenschaftstheoretischen Ansatz auf der affektiven Ebene argumentiert. Die aufgelisteten Persönlichkeitsmerkmale seien isoliert gemessen und werden in Korrelation zu bestimmten Merkmalen eines Erfolgs gesetzt, ohne eine jeweils spezifische Interaktionssituation zu berücksichtigen. So scheint es beispielsweise plausibel, dass Flexibilität in jeder Situation für Erfolg günstig ist, jedoch wären ferner weitere konkrete Information darüber wünschenswert, welche Merkmale für die Interaktion mit welchen Kulturen und für welche wesentlichen Situationen besonders beachtenswert wären. Außerdem sei an dieser Stelle hervorzuheben, dass erfolgsfördernde Eigenschaften nicht in allen Kulturen gleich definiert und gewertet werden (Vgl. Stüdlein 1997:155f.).

In diesem Zusammenhang muss auch darauf verwiesen werden, dass Charaktereigenschaften und Einstellungen nicht immer in dem erwarteten Verhalten resultieren. Einerseits besteht vor dem Hintergrund der kontrovers diskutierten Frage, inwieweit das Verhalten von den Einstellungen determiniert wird weitgehend Konsens darüber, dass es neben diesen auf jeden Fall noch weitere Einflussfaktoren gibt, andererseits können positive

Eigenschaften und Einstellungen keine Effekte auslösen, wenn das Individuum nicht in der Lage ist, angemessen auf der verhaltensbezogenen Ebene zu interagieren, d.h. seinen positiven Einstellungen folgend zu kommunizieren.

Ebenso wenig wird in den Auflistungen deutlich, welche konkreten Verhaltensweisen sich überhaupt hinter den Eigenschaften verbergen. Ihnen wird eine fehlende Differenzierung vorgeworfen, da sie sich im Wesentlichen nicht von den üblichen Merkmalen, die einer erfolgreichen Führungskraft zugeschrieben werden, unterscheiden. Auch hier kann erneut von fehlender Kontextualität gesprochen werden. So bemerkt Schipper, dass Eigenschaften wie beispielsweise Taktgefühl, Empathie oder Toleranz in ihrer Generalität im Grunde Voraussetzungen für jede Art sozialer Kompetenz sind (Vgl. Schipper 2007: 30f). Stüdlein verweist außerdem auf eine geringe begriffliche Trennschärfe, die dazu führt, dass einige der genannten Eigenschaften widersprüchlich und kaum in einer Person vereinbar wären. So sei ihrer Meinung nach Empathie häufig mit Passivität und Introvertiertheit verbunden, so dass nur selten Offenheit, Selbstvertrauen etc. bei sehr empathischen Menschen zu finden sei (Vgl. Stüdlein 1997:155f.). Dieser Aussage stehe ich allerdings eher kritisch gegenüber, da es doch den vorangegangen Aussagen erstens widerspricht und zweitens über den Charakter einer Vermutung verfügt.

Da aber davon ausgegangen wird, dass die drei Dimensionen interkultureller Kompetenz in einem interdependenten Verhältnis zueinander stehen, ist es sinnvoll, die aufgeführten Persönlichkeitsmerkmale und Einstellungen als Hypothesen zu begreifen, welche einer weitergehenden Fundierung und Präzisierung unter konzeptionellen sowie methodischen Aspekten bedürfen. Des Weiteren können sie auch nur in dem Maß als relevant beurteilt werden, in dem sie das aktuelle Verhalten einer Person in einer interkulturellen Überschneidungssituation überhaupt bestimmen (→Kontextbezug). Um folglich von Interkultureller Kompetenz im Ganzen zu sprechen, ist es notwendig, die Eigenschaftslisten der affektiven Dimension auf der verhaltensbezogenen Dimension umgesetzt zu verstehen (Vgl. Schipper 2007:30f.).

Knapp-Potthoff bezweifelt den gesamten Inhalt der affektiven Dimension bzw. die Erlernbarkeit oder Veränderbarkeit der Aspekte in einem Aufsatz von 1997 mit klaren Worten: *„Während man davon ausgehen kann, dass ein Zuwachs an Wissen noch am relativ unproblematischsten erreicht werden kann, muss man die Veränderbarkeit von Persönlichkeitsmerkmalen wohl eher skeptisch einschätzen"* (Knapp-Potthoff 1997:182). Sie schlussfolgert daraus, dass die jeweiligen Varianten von interkultureller Kompetenz nicht für jeden bzw. jede realisierbar sein kann. Neben der kritischen Auseinandersetzung mit dieser Dimension Interkultureller Kompetenz, rückt sie in erster Linie die kognitive Dimension, insbesondere die Funktion des kulturbezogenen Wissens als Basis für die Interkulturelle Kompetenz, in den Fokus ihrer Kritik.

Kulturelle Informationen seien so vielfältig und differenziert, dass Knapp-Potthoff ihre Vermittelbarkeit ebenfalls anzweifelt. Ausgehend von der Annahme, dass Kulturen einem zeitlichen Wandel unterworfen sind und sich insbesondere oberflächennahe Elemente in relativ kurzen Zeitabständen beträchtlich verändern können, müsse dieses kulturspezifische Wissen, welches ja ein möglichst umfassendes und pluralistisches sein soll, permanent aktualisiert werden.

Die Tatsache, dass heutzutage nicht mehr von homogenen (National-) Kulturen oder monokulturell geprägten Individuen ausgegangen wird, verleiht der Frage nach der Differenziertheit des Kulturwissens zusätzlich Nachdruck. Welche Aspekte einer anderen Kultur sind so gesehen überhaupt interessant und relevant für interkulturelle Interaktion?

Auch hier steht wieder der fehlende Kontextbezug im Mittelpunkt der Kritik. Die Einsetzbarkeit des kulturellen Wissens scheint beliebig zu sein und birgt so die Gefahr, auf eine wahllose Anhäufung isolierter Einzelinformation reduziert zu werden, die für das Handeln in konkreten Interaktionen von geringer Bedeutung sein können. Ebenso wenig werde die Systematik und Komplexität der kulturellen Besonderheiten beachtet. Um diese in der Interaktion auch funktional verwenden zu können, können sie nicht in Form simpler Zuordnungen nach dem Muster ‚Land:Hauptstadt' organisiert werden, sondern müssen als komplexe Schemata konstruiert werden, die Wahrnehmen und Handeln der Teilhaber einer Kultur beeinflussen.[3]

Schließlich lassen sich kulturelle Besonderheiten je nach Kontext in unterschiedlicher Weise, in unterschiedlicher Komplexität und in unterschiedlicher Tiefe beschreiben. Ohne also das Wissen immer wieder in einem spezifischen Kontext zu reflektieren und seine Adressaten bzw. Anwendergruppen einzubeziehen, fehlten diesem entscheidende funktionale Aspekte. Als zusätzliche Schwierigkeit benennt Knapp-Potthoff den Prozesscharakter des Wissenserwerbs von kulturbezogenen Wissen.

Da sowohl Kultur als auch Lernen als prozessuale Begriffe definiert werden, muss davon ausgegangen werden, dass zu einem gegebenen Zeitpunkt das Kulturwissen notwendigerweise unvollständig, sehr grob oder sogar fehlerhaft sein könnte. Wenn daher kulturbezogene Lernprozesse frühzeitig abgebrochen oder nicht ausreichend unterstützt werden, kann etwas entstehen, was als *Fossilierung* kulturbezogenen Wissens bezeichnet werden kann (Vgl. Knapp-Potthoff 1997: 185-193).

Festzuhalten bleibt, dass, um kulturbezogenes Wissen als eine Kernkomponente interkultureller Kompetenz zu verstehen, folgende Annahmen berücksichtigt werden müssen:

- Ein solches Wissen müsste sich nicht nur auf eine fremde Kultur beziehen, sondern auf mehrere.[4]

---

[3] An dieser Stelle bleibt außerdem kritisch zu fragen, inwieweit ein solches deskriptives Wissen, jenes aus der Perspektive eines außenstehenden Beobachters formuliertes Wissen über eine spezifische Kultur, überhaupt identisch oder ansatzweise vergleichbar mit Wissen ist, über welches die Teilhaber der Kultur selbst verfügen?
[4] Allerdings sollte die Realisierbarkeit ebenfalls kritisch gesehen werden. Welche Kulturen sind mit mehreren Kulturen gemeint?

- Das Wissen müsste möglichst umfangreich, systematisch und differenziert sein.
- Hinsichtlich der Beschreibungstiefe müsste es auf den Adressaten abgestimmt sein.
- Bereits während des Lernprozess muss ein Bewusstsein dafür geschaffen werden, dass es sich immer um ein vorläufiges und ergänzungs- sowie differenzierungsbedürftiges Wissen handelt.
- Es ist nötig, dass das Wissen in seiner Relevanz für die Bewältigung interkultureller Kontaktsituationen immer wieder einer Reflexion unterzogen werden muss.

Wie bereits schon an anderer Stelle angedeutet, besteht in der alltäglichen Handlungswirklichkeit ein Interdependenzverhältnis zwischen der kognitiven, affektiven und verhaltensbezogenen Teilkompetenz. Es muss daher davon ausgegangen werden, dass alle drei Dimensionen einem gegenseitigen Durchdringungsprozess unterliegen und sich einander bedingen und beeinflussen. So werden die in der affektiven Dimension aufgelisteten Persönlichkeitsmerkmale zum Beispiel auf der verhaltensbezogenen Dimension deutlich.

Aus dieser Perspektive betrachtet, liegt es folglich nahe, interkulturelle Kompetenz nicht als Synthese, Endprodukt oder Lernziel zu begreifen, sondern als ein *„synergetisches Produkt des permanenten Wechselspiels der genannten Teilkompetenzen"* (Bolten 2007b:24), folglich als einen offenen und dynamischen Prozess.

Somit handelt es sich dann auch nicht mehr um einen strukturellen Begriff, sondern um einen prozessualen Begriff interkultureller Kompetenz. Die Tatsache, dass die Komponente des kulturellen Wissens als unendlich definiert werden kann und Kultur als dynamisch und wandelbar begriffen wird, unterstreicht meiner Meinung nach um ein wiederholtes Mal die Bedeutung einer prozessorientierten Fähigkeit. Aufgrunddessen ist es erforderlich, die verschiedenen Aspekte und Dimensionen der interkulturellen Kompetenz in einer ganzheitlichen Betrachtungsweise zu definieren. Im folgenden Kapitel wird deshalb ein Prozessmodell interkultureller Kompetenz konstruiert, welches nach wie vor nicht über eine Allgemeingültigkeit verfügen kann, aber die skizzierten Kritikpunkte aufgreift und integriert.

2.1.3 Prozessmodelle Interkultureller Kompetenz

Derartige Prozessmodelle stehen in Übereinkunft mit neueren lerntheoretischen Diskussionen zum Begriff der Handlungskompetenz. Kompetenz wird dabei als ein multiples Konstrukt verstanden, das sich, wie im vorangegangenen Strukturmodell, aus Teilkompetenzen zusammensetzt, allerdings nicht in additiver Form, sondern als ein synergetisches Resultat des Interdependenzverhältnisses dieser (Vgl. Bolten 2007b:24).

Prozessmodelle oder synergetische Handlungsmodelle verstehen Interkulturelle Kompetenz als ein erfolgreiches ganzheitliches Zusammenspiel der Teilaspekte. Pan (2008) stellt zur Diskussion, Interkulturelle Kompetenz als einen Prozess zu sehen, der sich am Ablauf eines sich wiederholenden Zyklus von ‚Wissen-Verstehen-Handeln' skizzieren lässt und die Dreidimensionalität des Strukturmodells nach Gertsen integriert.

2.1.3.1 Wissen

Das interkulturelle Wissen stellt auch hier eine wichtige Voraussetzung für die Interkulturelle Kompetenz dar. Es wird von der Annahme ausgegangen, dass das Handeln von Interessen ausgelöst, aber gleichzeitig von Werten und Wissen wesentlich beeinflusst wird.

Auch Pan merkt kritisch die Umstrittenheit der Relevanz und des Umfangs der Wissenskomponente an. Diese sei komplex und dynamisch und beinhalte auf keinen Fall nicht nur ein Wissen um einige (exotische) Merkmale anderer Kulturen bzw. fremdkultureller Orientierungssysteme. Genauso wenig reiche ein Vergleich zwischen den eigenen und den anderen Orientierungssystemen aus, um sich mit den Kulturstandards seines fremdkulturellen Gegenübers auszukennen.

Betont werde viel mehr die Wichtigkeit einer Entwicklung des Bewusstseins der eigenen kulturellen Wurzeln. Wie schon in einem anderen Zusammenhang erläutert, entwickelt sich dieses Bewusstsein jedoch insbesondere oder erst im Kontakt mit einer anderen Kultur. Eine Person, die viel kulturelles (Tatsachen-)Wissen erworben hat, kann daher nicht automatisch als kompetent gelten, da die Veränderungsdynamik von Kulturen immer wieder mit berücksichtigt werden müssen. Auch hier wird wieder auf die Tatsache verwiesen, dass Kultur nicht an einzelnen Merkmalen zu definieren ist, und dass es sich nicht um etwas „Fertiges" oder Statisches handelt. Daran wird nochmals deutlich, dass das Wissen über eine Kultur immer ein vorläufiges ist und dieses an die jeweilige Dynamik der Kultur angepasst werden muss.

Geige (2003) konstatiert die Schwierigkeit der Greifbarkeit dessen, was als Kulturwissen bezeichnet wird und relevant ist, folgendermaßen: *„Kulturwissen [ist] immer nur für die Vergangenheit und nicht für die sie übersteigende Gegenwart, für das vorgestellte Kollektiv und nicht für das reale Individuum"* (Geige 2003:174).

Eine weitere Schwierigkeit des Kulturwissens liegt in seiner ambivalenten Funktion. Einerseits hilft es, sich in einer fremden Kultur zu orientieren, andererseits ist es gleichzeitig auch geprägt von Verallgemeinerungen und Stereotypen. Die Schlussfolgerung aus der Diskussion um die Relevanz des kulturspezifischen Wissens lautet auch hier wieder, dass dieses in interkulturellen Überschneidungssituationen notwendigerweise relativiert werden muss. Vielmehr sollte es als Orientierungsinstrument angesehen und wie eine Art ‚Werkzeug' tentativ eingesetzt werden (Vgl. Pan 2008:44ff.).

2.1.3.2 Verstehen

Die Bereitschaft und die Fähigkeit, sich in die Handlungsregeln des Gegenübers hineinzudenken, das so genannte Fremdverstehen, stellt eine weitere wichtige Komponente für interkulturelle Kompetenz dar. Fremdverstehen besagt, etwas nicht im eigenen zu verstehen, sondern im fremden Kontext verstehen zu suchen. Damit sind nicht nur Einfühlung und Analogiebildung gemeint, denn das bedeutete, das Fremde auf das Eigene zu reduzieren, sondern vielmehr, eine andere Perspektive einzunehmen und so Distanz zur eigenen zu gewinnen (Vgl. Pan 2008:46f.).

Frost betont die Relevanz des interkulturellen Verstehens, da nur so die Würde kultureller Differenzen gegenüber universalen und globalen Einheitsmodellen gewahrt und sie zugleich auf ein mögliches Miteinander hin gefragt werden kann. Außerdem werden so sowohl Modelle kultureller Vereinheitlichung als auch das Paradigma vom Krieg der Kulturen abgewiesen. Sie begreift angelehnt an Friedrich Schleiermachen Verstehen als ‚Befreunden des Fremden', als einen Prozess der Wahrnehmung und Anerkennung des Fremden bei sich und bei anderen. *„Der Einblick in die Fremden Welten kann nicht bedeuten, das Fremde als Fremdes aufzuheben, indem es in Vertrautes überführt wird. Das Andere im anderen verstehen zu lernen, heißt vielmehr, auch die Grenzen des eigenen Verstehens kennenzulernen. ... Sich Befreunden mit dem Fremden heißt dann, das Fremde als Fremdes zu akzeptieren; Fremdes nicht in Vertrautes zu überführen, sondern sich damit vertraut machen, dass es das nicht integrierbare Fremde in anderen und in uns selbst zu respektieren gilt"* (Frost 2007:67f.).

Interkulturelles Verstehen verhilft folglich dazu, interkulturelle Sensibilität zu entwickeln, wie sie Bennett konstruiert hat. Dazu gehört, fremde Kulturen differenzieren und ihre Grundannahmen verstehen zu können sowie sich in ihr bewegen zu können, ohne die eigene Weltanschauung und kulturelle Identität zu verlieren bzw. zu verleugnen. Ethnozentrismus stellt ebenso wenig wie der Verzicht auf die eigene kulturelle Identität zugunsten der fremdkulturellen Identität einen Teilaspekt

Interkultureller Kompetenz dar, sondern vielmehr ein Bewusstsein und eine stetige kritische Reflexion dieser im interkulturellen Handeln.

2.1.3.3 Handeln

Thomas beschreibt die Interkulturelle Kompetenz im Bezug auf das Handeln folgendermaßen: *„…dass zur Gestaltung der interkulturellen Situation leistungsrelevante Handlungspotenziale als Ergebnis der interkulturellen Lern- und Verstehungsprozesse aktiviert werden und auf dieser Basis in ausreichendem Maße Handlungssicherheit, Handlungsflexibilität und Handlungskreativität zum Einsatz und zur Wirkung kommen"* (Thomas 2003:146). An dieser Aussage, wird die Prozesshaftigkeit klar greifbar. Handlungssicherheit, Handlungsflexibilität und Handlungskreativität erhöhen sich, je mehr interkulturelle Erfahrungen ein Mensch hat und je vielfältiger diese sind. Dabei bleibt meiner Meinung nach kritisch anzumerken, dass dieses keineswegs als einfache Gleichung zu verstehen sei, nach dem Prinzip ‚viel Kontakt = hohe interkulturelle Kompetenz', sondern dass dabei die Dimension der Reflexionsfähigkeit und die Intensität der Kontakte immer eine tragende Rolle spielen. Zusätzlich ist hier anzumerken, dass es keine universell gültigen Regeln für interkulturell kompetentes Handeln gibt, da immer unter Berücksichtigung der jeweiligen Kontextfaktoren die für eine Situation möglichst optimale Verhaltensdisposition zu finden ist.

Kapitel 3

Zwischenfazit I

Nahezu überall stößt man auf das Schlagwort „interkulturelle Kompetenz". Es werden Tagungen und Workshops angeboten, Trainingsprogramme und Kurse, in denen die Vermittlung allgemeiner „Schlüsselkompetenzen" und spezieller Kompetenzen annonciert wird. Neben öffentlichen Einrichtungen ist vor allem eine unüberschaubare Menge an privaten Institutionen und Personen als Anbieter zu finden, was gleichzeitig das Spektrum der Adressaten ins Unendliche erweitert. Das Thema erfreut sich scheinbar einer großen Beliebtheit. Jedoch scheint Skepsis, wenn eine Kompetenz so bereichsunspezifisch verkauft wird, angebracht zu sein. Auch aus erziehungswissenschaftlicher Forschung erscheinen regelmäßig Bücher und Artikel, die interkulturelle Kompetenz zu beschreiben versuchen. Dabei sind nicht wenige Beiträge nicht nur normativ, sondern gehen darüber hinaus wie selbstverständlich von der scheinbar unbestreitbaren Prämisse aus, dass interkulturelle Kompetenz sinnhaft und notwendig für pädagogische Praxis in einer als pluralistisch zu bezeichnenden Gesellschaft ist. Aber ist dem wirklich so? Oder polemisch gefragt: Ist interkulturelle Kompetenz tatsächlich ein Segen? Und wenn ja, für wen oder was?

Der erste Teil dieses Buches versucht auf die Frage, was unter interkultureller Kompetenz zu verstehen ist, eine Antwort zu finden. In den Auseinandersetzungen mit den verschiedenen theoretischen Modellen zur Definition von interkultureller Kompetenz habe ich einen Einblick in die wissenschaftliche Diskussion gegeben, die unaufhörlich um die Analyse der Einzelkompetenzen, die diese so genannten Schlüsselkompetenzen ausmachen, kreist. Wie bereits einleitend erwähnt, fehlt es bisher an allgemeingültigen Definitionen nicht nur für den Begriff Kultur, sondern daraus resultierend auch für den Begriff „interkultureller Kompetenz". So führen Differenzen im grundsätzlichen Verständnis davon, wozu interkulturelle Kompetenz eigentlich gut ist und in welchen Situationen sie relevant wird, zwangsläufig zu unterschiedlichen Antworten in Bezug auf die Frage, aus welchen Teilkompetenzen sie sich zusammensetzt, bzw. ob und wie sie erlernt oder vermittelt werden kann.

An beiden skizzierten Modellen - dem Strukturmodell, welchem außerdem vorzuwerfen ist, dass es stark zielorientiert geprägt ist und so die Prozesshaftigkeit, die von einem zugrundeliegenden dynamischen Kulturbegriff gefordert wird, außer Acht lässt, ebenso dem Prozessmodell – wird wiederholt kritisiert, dass der Kontext zu wenig bis keine Berücksichtigung findet. Allerdings stellt gerade das Prinzip der Kontextualität einen der meiner Meinung nach wichtigsten Aspekte überhaupt dar. Das Ziel der Bewusstseinsentwicklung kann ohne ein Beachten des Kontextes, der eine wichtige Rolle für die Interpretation des eigenen und des fremden Verhaltens, menschliche Kommunikation und damit auch für das Handeln in interkulturellen Situationen überhaupt spielt, kaum oder sogar gar nicht erreicht werden. Darüber hinaus ist der eigene kulturelle Kontext der Beteiligten von ebenso großer Bedeutung. Vor allem um der gefürchteten kontraproduktiven Stereotypenbildung entgegenzuwirken, besonders im Bezug auf die Behandlung von Nationalstereotypen, ist eine Kontextanalyse unentbehrlich.

Wird interkulturelle Kompetenz auf der Ebene des Zieles eines Bildungsprozesses also als angestrebte Qualifikation betrachtet, wird auch an dieser Stelle erneut deutlich, dass der Anwendungskontext eine tragende Rolle spielt. Versucht man sich einen Überblick über den aktuellen ‚Bildungsmarkt Interkulturalität' zu verschaffen, sticht die Dominanz der Pluralität auf den ersten Blick ins Auge. Da gibt es zu einem überproportional großen Teil Angebote aus dem Bereich wirtschaftsnaher Weiterbildungen, der suggeriert, dass fremde Kulturen erlernbar, einschätzbar und berechenbar seien, wenn sich durch ein entsprechendes Training oder einen entsprechenden Workshop das nötige Wissen angeeignet werde. Ein anderer Teil des Bildungsmarktes richtet sich vor allem an die Soziale Arbeit, die Pädagogik und in letzter Zeit auch verstärkt an das Gesundheits- und Pflegewesen. An dieser Stelle werden große Hoffnungen in interkulturelle Bildung gesetzt, um eine multikulturelle Wirklichkeit gestalten zu können. In den genannten Feldern der Weiterbildung liegen durchaus differente Voraussetzungen, Bedingungen und Ansprüche an interkulturelle Kompetenzbildung vor. So erstreckt sich beispielsweise der Begründungszusammenhang interkultureller Erwachsenenbildung im sozialen Bereich häufig auf Problemanalysen und Defizitbeschreibungen und der Lernanlass wird aufgrund von Leistungsdruck, Überforderung und Verunsicherung von Fachkräften konstituiert.

Anders gestaltet sich dagegen der Kontext in den Business-Trainings zur interkulturellen Kommunikation, an denen vermutlich auch nicht immer nur freiwillig teilgenommen wird, aber in den meisten Fällen ein Zusammenhang mit der Aussicht auf neue und spannende Herausforderungen und Karrierefortschritte besteht. Weitere Unterschiede betreffen die anbietenden Institutionen und Personen. Auf der einen Seite bieten Unternehmensberatungen und Trainingsfirmen, deren Konzepte und Durchführungen von Kommunikationswissenschaftlern und Wirtschaftspsychologen stammen, Angebote an, auf der anderen Seite staatliche Weiterbildungsinstitutionen, kirchliche Verbände, Nichtregierungsorganisationen etc. Dass die Finanzierung bzw. Kosten der jeweiligen Veranstaltungen ebenfalls Unterschiede aufweisen, bedarf sicherlich keiner weiteren Erklärung. Damit sind nur einige Merkmale, die den Bildungsmarkt differenzieren, genannt und verweisen bereits auf die Unterschiedlichkeit der Vorstellungen und Absichten von interkulturellen Bildungsmaßnahmen (Vgl. Sprung 2003:4).

Verknüpft mit den Untersuchungen im vorangegangen Kapitel wird abermals verdeutlicht, dass interkulturelle Kompetenz keine eindeutigen Fähigkeiten definiert und daher auch auf keinen abgrenzbaren Kanon von Lerninhalten geschlossen werden kann. Ein erneuter Rückgriff auf die Analyse des Bildungsmarktes zeigt weiterhin, dass der Erfolg zu dem interkulturelle Kompetenz führen soll mit unterschiedlichen Interessen verbunden wird, und nicht davon ausgegangen werden kann, dass automatisch eine emanzipatorische Absicht verfolgt wird. So fällt zum Beispiel auf, dass interkulturelle Trainings im Wirtschaftsbereich hauptsächlich darauf abzielen, den ökonomischen Erfolg des Unternehmens zu maximieren, wobei interkulturelle Kompetenz dabei durchaus für das Verfolgen ausbeuterischer Absichten fruchtbar gemacht werden könnte. In sozialen Kontexten wie beispielsweise der Integrationsarbeit in Einwanderergesellschaften soll interkulturelle Kompetenz die Chancengleichheit fördern, zum Abbau von Diskriminierungen helfen und zum Ausbau sozialer Gerechtigkeit beitragen. Hier wird ein stark normativer, moralischer Anspruch ersichtlich (Vgl. Sprung 2003: 5).

Zusammengefasst kann die These formuliert werden, dass es nahezu unmöglich ist, eine eindeutige Definition von interkultureller Kompetenz aufzustellen, die universell als Arbeitsdefinition für die Praxis gültig wäre. Wie bereits schon an vielen Stellen dieser Arbeit betont, hängt dieses im Wesentlichen mit der ebenfalls uneindeutigen Definition des Kulturbegriffes zusammen. In diesem Kapitel wollte ich vor allem zeigen, dass interkulturelle Kompetenz weder universell noch statisch gedacht werden kann und auch kein direktes Resultat einzelner Lernerfahrungen darstellt. Sie ist stets abhängig von ihrem Kontext, nicht nur situativ oder personell, sondern vor allem von der vorliegenden Definition von Kultur, zu konstruieren. *„Wenn davon ausgegangen wird, dass Kultur beständig im Wandel ist, müssen die Menschen Fähigkeiten für Prozesse erlernen und beherrschen. Die Entwicklung interkultureller Kompetenz ist demnach komplex, mehrdimensional und je nach interkultureller Situation vielgestaltig. Für den Erwerb interkultureller Kompetenz bedeutet dies einen fortwährenden dynamischen Prozess, der in verschiedenen Dimensionen verläuft. Diese Dimensionen beeinflussen sich alle wechselseitig. Der Erwerb interkultureller Kompetenz erfordert ein lebenslanges Lernen und ist Bestandteil fortdauernder Persönlichkeitsentwicklung"* (Deardorff 2006:6).

In der erziehungswissenschaftlichen Debatte um interkulturelle Kompetenz lassen sich jedoch noch weitere kritische Punkte nennen und so die Grenzen des Konzeptes aufweisen. Mecheril bemängelt vor allem die pragmatische Ausrichtung des Gesamtkonzepts, die lautet: *„Wo die als fremd Betrachteten auftauchen, bedarf es interkultureller Kompetenz, weil durch die Präsenz der als fremd Bezeichneten pädagogische Handlungsfähigkeit allem Anschein nach problematisiert wird und als nicht (in ausreichendem und angemessenem Maße) zur Verfügung stehend erscheint"* (Mecheril 2002:14).

Interkulturelle Kompetenz wird folglich nachgefragt als eine Sonderkompetenz für Professionelle und schließt dabei den kulturell-ethisch Anderen als Adressat vollkommen aus. Auf diese Weise wird gleichzeitig die Tatsache verschleiert, dass an einer interkulturellen Situation mindestens zwei Akteure beteiligt sind. Meist wird die ‚Bringschuld' dabei bei demjenigen gesehen, der einen fremdkulturellen Kontext aufsucht. Die Forderung nach interkultureller Kompetenz sollte sich allerdings durchaus auf beide Kommunikationspartner beziehen, denn beide Seiten profitieren gleichermaßen von Interventionen zur Verbesserung der wechselseitigen Handlungskompetenz. Der Begriff wird dagegen nur äußerst selten im Zusammenhang mit der Fähigkeit von Mitgliedern einer aufnehmenden Kultur gebraucht, die an einer erfolgreichen Integration von Immigranten beteiligt sein sollten oder produktiv und kollegial in einem kulturell diversen Unternehmen zusammenarbeiten (Vgl. Jonas/Woltin 2009:482ff.)

Durch den einseitigen Adressatenfokus wird ein doppelt akkumulativer Prozess ausgelöst, der zu einer fortschreitenden Kulturalisierung beiträgt. Erstens, so führt Castro Varela an, gehören diejenigen, die interkulturelle Bildungsangebote anbieten, aber auch diejenigen, die sie nutzen, fast ausschließlich der kulturellen Mehrheit an. Dadurch verdienen sie daran nicht nur ökonomisch, sondern vor allem auch symbolisch. Durch den inflationären, unreflektierten Gebrauch von interkultureller Kompetenz, ist es heutzutage von Vorteil, sich mit einer irgendwie gearteten interkulturellen Zusatzqualifikation zu schmücken, um so seinen Marktwert und somit auch die Chancen auf dem Arbeitsmarkt zu steigern (Vgl. Castro Varela

2002:37).Zweitens, wo die Aufmerksamkeit und Sensibilität für kulturelle Unterschiede gesteigert wird, ist zugleich die Gefahr von Zuschreibungen und Stereotypisierungen nicht weit.

Diese kritische Situation führt Bukow auf den Geburtsfehler der interkulturellen Pädagogik zurück, den er darin sieht, dass von einer Leitperspektive ausgegangen wird, die durch ein *Wir und die Anderen* bestimmt wird. Statt Konzepte zur Handhabung von Differenzen zu etablieren, werden so Situationen zu Differenzsituationen stilisiert. Ob nämlich eine Differenz relevant ist und ob sie wirklich so relevant ist, dass sie eigens zu markieren sei, ist keine abstrakte oder vorweg entscheidende Sache, sondern hängt primär davon ab, ob sie überhaupt in einer spezifischen Situation relevant erscheint und, ob sie, wenn sie eine Rolle spielt, als solche routinemäßig erwartet oder unerwartet auftritt. Nur im Rahmen solcher Situationsformate, die differenzsensibel sind, also Differenzen erwartet oder unerwartet von den teilnehmenden Akteuren beobachtet werden, geraten sie überhaupt erst eigens ins Blickfeld (Vgl. Bukow 2007:97f.).

Obwohl in den Konzepten zur interkulturellen Kompetenz stets betont wird, dass Kultur nicht umstandslos mit Nation und Ethnizität assoziiert werden dürfe, findet in den Konzepten durch die überproportionale Betonung von kultureller Differenz genau das statt, was eigentlich vermieden werden soll. Je handlungsrelevanter die Ausführungen werden, desto eher wird der Kulturbegriff in einer unmittelbaren Verknüpfung mit Nationalität und Ethnizität gebraucht. Kulturelle Zugehörigkeit wird dann doch über national-ethische Zugehörigkeit definiert. Auf diese Weise werden die Macht- und Hierarchiestrukturen einer Gesellschaft reproduziert und aufrechterhalten, die Differenzen stilisiert und der Fremdheitsstatus nochmals verfestigt (Vgl. Mecheril 2002:22f.).

Deshalb halte ich die Reflexion der Machtasymmetrien in der Beziehung zwischen Mehrheits- und Minderheitenangehörigen und der Zuschreibungsprozesse in modernen Gesellschaften für unentbehrlich. Die

Bedenken, dass bei der Rede von interkultureller Kompetenz Rassismus und Diskriminierung verschleiert werden, sind absolut aktuell. In Bildungsprozessen sollte daher der Blick für vielfältige Differenzlinien in modernen Gesellschaften geschärft werden. Bei einer Sensibilisierung für den Umgang mit dem Anderssein halte ich es darüber hinaus für besonders wichtig, nicht nur Unterschiede bewusst zu machen, sondern ihre hierarchischen Anordnungen und die damit verbundenen Machtaspekte kritisch zu beleuchten.

Das anspruchsvolle Ziel, die Fremden verstehen zu wollen bzw. zu müssen, und die Erwartung, dass dies mit pädagogischer Hilfe schließlich gelingen werde, erscheint des Weiteren sehr bedenkenswert. Auch wenn in Bildungsveranstaltungen die Hoffnungen hauptsächlich darin liegen, *verwertbares* (Fakten-)Wissen zu erwerben, ist dennoch die Erkenntnis darüber, was nicht gewusst werden kann, ein wichtiger Bestandteil interkultureller Kompetenz. Mecheril, der pointiert eine „Kompetenzlosigkeitskompetenz" postuliert, präzisiert: *„Interkulturelle Professionalität stellt sich als Versuch dar, Wissen zu erarbeiten, das sich in Annäherung an die Perspektive des Gegenübers konstituiert, ohne im Konstitutionsprozess den Rest, das Nicht-Wissen zu überspringen: Verstehen des Anderen ist ein (koloniales) Phantasma"* (Mecheril 2002:30).

Aufgrund dieser Feststellungen sollte das Ziel interkultureller Bildung nicht lauten, den Anderen vollständig zu verstehen, sondern konstruktiv mit Differenzen umgehen zu wissen. Bukow fordert, die hochstilisierten kulturellen Differenzen zu entdramatisieren und sie auf Alltagsphänomene zu reduzieren. Das Verstehen wird auf diese Weise in Relation zu Situationsformaten gesetzt, die der Bewältigung lebenspraktischer, alltäglicher Aufgaben entsprechen. Dadurch werden das Verstehen und gleichzeitig auch die Differenzerfahrungen relationiert und es wird verdeutlicht, dass eine hermeneutische Bearbeitung solcher Differenzen immer nur in Relation mit Alltagspraxis sinnvoll genutzt werden können. Sich eine universelle interkulturelle Verstehenskompetenz anzueignen wird dadurch allerdings unmöglich.

In den Ausführungen ist deutlich geworden, dass interkulturelle Kompetenz nicht über einen universellen Grad verfügt, keine individuelle Problemslösungsfähigkeit darstellt und stets in ihrem Kontext betrachtet werden muss. Dadurch konnte nicht ausreichend bestätigt werden, dass interkulturelle Kompetenz für jede Bürgerin und jeden Bürger im globalen Zeitalter sinnhaft und notwendig ist, ein erfolgreiches Leben zu führen. Aus genau diesem Grund sind Zusatzqualifizierungen oder geforderte Qualifikationen in Bewerberprofilen stets kritisch zu betrachten. Durch die starke Betonung der kulturellen Differenzen bewirkt interkulturelle Kompetenz, wenn sie nicht konstruktiv und kritisch hinterfragt wird, letztendlich das, was sie eigentlich vermeiden bzw. reduzieren zu beabsichtigt. Einen universellen Ansatz zu entwickeln fordert daher nicht nur Pädagogik heraus, sondern muss als ein integriertes, interdisziplinäres Projekt verstanden werden.

Kapitel 4

Entwicklungsgeschichte der kosmopoliten Idee

Etymologisch handelt es sich bei dem Wort „Kosmopolitismus" um ein Kompositum, das sich aus den griechischen Wörtern *kosmos* (Weltall, Weltordnung) und *polis* (Stadt, Staat) zusammensetzt und schon aufgrund der Verbindung dieser beiden Wörter Spannungen in sich trägt (Vgl. Albrecht 2005:19). Der *kosmos* steht für das Geordnete und Schöne. Der Himmel mit seinen geordneten Sternenbahnen ist das Gestaltete, das Gesetzte. Diese schöne Ordnung des *kosmos* ist wiederum *zahlenhaft* zu begreifen und somit herrscht in ihr ein *logos*, eine spezifische Vernunft. Die *polis* in der griechischen Antike ist der Ort, an dem gelebt wird. Sie ist der

Lebensmittelpunkt für den einzelnen Bürger in jeglicher Hinsicht. Ihre Mauern sind die Grenzen, in denen Leben geschieht, in denen ein Leben seine Biografie findet. Das Leben der Bürger (*polites*) wird bestimmt von den Angelegenheiten der *polis*. Für sie würden sie in den Krieg ziehen und sich so opfern. Wenn daher eine *polis* einen Schaden trägt, beispielsweise von einer anderen *polis* unterjocht wird, wird dies von all ihren Mitgliedern gespürt.

Während in der englischen und französischen Sprache der Ausdruck „cosmopolite" verwendet wird, wird im Deutschen häufig vom Weltbürgertum oder der Weltbürgerschaft gesprochen (Vgl. Albrecht 2005:22f.). Die Grundidee des kosmopoliten Denkens ist eine gänzlich europäische, deren Wurzeln bei den vorchristlichen Kynikern zu finden sind und die später von der griechischen und römischen Stoa zu einer Ethik weiterentwickelt wurde. Zu Zeiten der Aufklärung, nachdem die Essayisten Michel de Montaigne (1592) und John Locke (1606) die Idee des Weltbürgers in ihren Werken behandelten, wurde der Kosmopolitismus sogar zum Ideal der europäisch-humanistischen Bildungstradition im 18. Jahrhundert. Er stand Pate bei der Menschenrechtserklärung von 1789 und wurde von dem Philosophen Immanuel Kant in seiner Schrift „Zum ewigen Frieden" zu einer prominenten Rechtsphilosophie weitergedacht (Vgl. Appiah 2007:12).

Heute wird der Begriff hauptsächlich im Zusammenhang mit der Globalisierung oder der EU-Erweiterung diskutiert und vor allem fälschlicher Weise als Synonym für Begriffe wie Globalismus, Universalismus, Multikulturalismus, Pluralismus etc. benutzt. Auf den folgenden Seiten sollen die Idee des Kosmopolitismus in ihrer Entstehungsgeschichte und ihre wichtigsten Vertreter von den antiken Wurzeln bis zur Gegenwart skizziert werden. Das damit einhergehende Bildungskonzept bzw. die Idee, was einen Weisen oder einen gebildeten Menschen ausmacht, wird dabei an einigen Stellen angedeutet und im anschließenden Kapitel genauer analysiert.

4.1 Antike Wurzeln

Als Urvater des Begriffs Kosmopolitismus wird häufig Sokrates genannt, welcher auf die Frage woher er käme, antwortete, er gehöre der Welt. Wie Platon später berichtete, hatte Sokrates ebenfalls behauptet, dass die Erde alle Bürger auf eine höhere und bessere Weise nähre als die natürliche Mutter. Daher sollten alle Brüder sein, von einer Mutter geboren, und nicht danach streben, als Sklave oder Herrscher sich gegeneinander zu verhalten. Diese gemeinsame natürliche Geburt zwinge folglich jeden dazu, das gemeinsame Gesetz zu beachten und niemandem anderes zu gehorchen als der Tugend und dem Verstand (Vgl. Apelt 1891:339).

Auch Platon greift die kosmopolitische Idee auf. In „Der Staat" visiert er eine allgemeine Weltkultur an, fordert die Abschaffung des Eigentums und spricht von einer menschlichen Einheit und einer allgemeinen Zusammengehörigkeit des menschlichen Geschlechts.

Aristoteles hingegen wendet sich wieder der begrenzenden *polis* zu, betont jedoch, dass der Gesetzgeber die Gesetze und Satzungen so ausrichten müsse, dass nicht nur auf das Land und dessen Bürger Rücksicht genommen werde, sondern auch auf die angrenzenden Örtlichkeiten. Weiterhin empfiehlt er ein freundliches Verhalten untereinander, auch den Sklaven gegenüber, da auch sie Menschen seien und so Freunde von freien Menschen sein könnten (Vgl. Katsigiannopoulos 1979:22ff.).

Platon und Aristoteles blieben ebenso wie Sokrates in ihren politischen Themen zwar innerhalb der geschlossenen *polis*, bereiteten aber so den Boden für eine weltweite Perspektive vor. Ihre Philosophien werden daher von vielen Autoren noch nicht als Kosmopolitismus bezeichnet, allerdings wäre es auch falsch, ihnen eine anti-kosmopolitische Haltung zuzuschreiben, da sie den engen, ausschließlich auf die *polis* gerichteten Blick erweitert haben. Es scheint daher angemessen, diese Position als Nicht-Kosmopolitismus (oder Noch-Nicht-Kosmopolitismus) zu bezeichnen (Vgl.Brown/Kleingeld 2006).

4.1.1 Die Kyniker

Der Kyniker Diogenes von Sinope, inspiriert von der sokratischen Idee, prägte während des vierten vorchristlichen Jahrhunderts den Ausdruck *Bürger des Kosmos.* Diese Formulierung war jedoch vielmehr als Paradoxon gedacht und sollte die allgemeine Skepsis der Kyniker gegenüber Sitte und Tradition zum Ausdruck bringen. Was Diogenes von Sinope ausdrücken wollte, war *polis*-kritisch gemeint. Der wahre Ort des Menschen sei nicht seine durch Tradition beschränkte Gemeinschaft, in die er hineingeboren wurde und in welcher höchstwahrscheinlich bereits die vorangegangenen Generationen lebten, sondern der Kosmos schlechthin, das bedeutet, ein Raum jenseits der einzelnen Staaten (*poleis*), ein grenzenloser Raum, geradezu ein Welt-Raum. Mit seiner Selbstbezeichnung als Weltbürger wollte er auch darauf aufmerksam machen, dass die wahre Verfassung (das wahre Gesetz) des Menschen die schönen Gesetze des Kosmos seien und eben nicht die Traditionen der eingegrenzten *polis*

Die Kyniker erkannten die Überlegenheit des Naturgesetzes gegenüber dem positiven Gesetz des gesellschaftlichen und politischen Lebens der griechischen *polis* an. Natur galt dabei als Gegensatz zur Kultur, welche zu Sitte und Sittlichkeit, zu Recht und Gesellschaftsordnung verpflichtete. Der Bürger, *politēs,* gehörte einer bestimmten *polis* an, der gegenüber er sich loyal verhalten sollte. Jedoch gelte der Mensch nur dann glücklich, wenn er unabhängig sei oder anders ausgedrückt: wenn er bedürfnislos sei. Anknüpfend an Sokrates' These, dass sittlich autonome Menschen von inneren und äußeren Umständen unabhängig werden könnten, waren die Kyniker davon überzeugt, dass die Tugend allein das höchste Gut sei, um diesen Zustand der Unabhängigkeit zu erreichen. Jedes Bedürfnis bedeutet Abhängigkeit von Umständen, die nicht vollständig vom Individuum kontrollierbar sind und somit die Autarkie gefährden könnten (Vgl. Röd 2000:91ff).

Durch die radikale Ausführung dieses Gedankens gelangten die Kyniker in eine verneinende Stellung gegenüber der Zivilisation, und indem sie das Maß der Bedürfnisse des tugendhaften Weisen auf das absolut unvermeidbare herabsetzten, alle anderen Bestrebungen als verderblich oder gleichgültig erachteten, verwarfen sie alle Güter der Kultur und gelangten so zu dem Ideal eines Naturzustandes, das aller höheren Werte entkleidet war. Der Weise füge sich aufgrunddessen nur dem, was die Natur von ihm verlange, alles aber, was menschliche Meinung und Satzung begehrenswert oder befolgenswert erscheinen lässt, verachte er[5]. Reichtum und feine Lebensgestaltung, Ruhm und Ehre seien für ihn bedeutungslos, genauso wie Sinnesgenüsse, die über die Befriedigung der elementarsten Bedürfnisse wie Hunger und Liebe hinausgingen. Auch Vaterland oder Heimat seien bedeutungslos, bedeutungsvoll sei nur die Einheit mit der Natur (Vgl. Windelband 1980:71).

Der tugendhaft lebende Weise steht daher außerhalb der Gesellschaft, ohne Bindungen durch Verwandtschaft oder Mitarbeit. Seine Heimat ist der Kosmos, nicht im Sinne der Erde, sondern des gesamten Universums. Die kynische Trieb- und Bedürfnisaskese dient zur Sicherung der inneren Unerschütterlichkeit und soll gegen Beeinträchtigungen abschirmen, indem sie den Menschen in die Geborgenheit der Natur zurückführt. Diese Geborgenheit soll an die Stelle der Geborgenheit in Familie, Stand oder Staat (*polis*) treten. Aus einem historischen Blickwinkel betrachtet, sucht diese Philosophie eine Lösung für das zeitgegenwärtige Problem: Der Kosmos als Heimat stellt einen Ersatz der in der damaligen Zeit immer mehr an Bedeutung verlierenden herkömmlichen Bindungen dar (Vgl. Röd 2000:92f.).

Allerdings bleibt anzumerken, dass die kynische Idee des Kosmopolitismus vor allem als eine individualistische Lebensphilosophie zu betrachten ist. Mit seiner Selbstbezeichnung als Kosmopolit hatte Diogenes nicht die Absicht, eine Zusammengehörigkeit aller Menschen auszudrücken, sondern wie bereits eingangs erwähnt, nur die Ablehnung seiner Zugehörigkeit zu irgendeiner Kulturgemeinschaft. Damit war der Begriff zunächst negativ konnotiert.

---

[5] Die Kyniker glaubten an die Güte der Natur im Allgemeinen und der menschlichen Natur im Besonderen (Vgl. Röd 2000:92).

„The best we can do to find positive cosmopolitanism in Diogenes is to insist that the whole Cynik way of life is supposed to be cosmopolitan: by living in accordance with nature and rejecting what is conventional, the Cynik sets an example of high-minded virtue for all other human beings" (Brown/Kleingeld 2006).

4.1.2 Griechische Stoa

Julian Nida-Rümelin sieht eine erste umfassende Konzeption des Kosmopolitismus in der griechischen Stoa, ein Jahrhundert nach Diogenes prägendem Ausspruch, bei Chrysippus vorliegen. Hier verbinde sich für ihn der politische Kosmopolitismus mit Ethik und Metaphysik:

„Der Weltbürger der griechischen Stoa,…, ist der in der vernünftigen, universellen Ordnung Beheimatete, der sich dieser vernünftigen Ordnung bewusst ist und der sich selbst in diese einfügt. Damit relativiert er seine eigene Bedeutung und findet als Weiser aus dieser Einsicht zu unerschütterlicher Seelenruhe und übernimmt doch Verantwortung, nicht nur für das eigene Leben, sondern für jeden Menschen unabhängig von seiner Herkunft, seiner Nation oder seinem Wohnort" (Nida-Rümelin 2006:227).

Der Stoa nach ist die menschliche Gesellschaft eine Kulturgemeinschaft, über welche die alles umfassende Vernunft herrscht. Die Natur ist der Zentralbegriff der stoischen Philosophie und gilt als Prinzip aller Dinge, auch der Mensch ist aufgrund der Wesensgleichheit seiner Seele mit der Weltvernunft als ein von der Natur zur Gemeinschaft bestimmtes Lebewesen anzusehen (Vgl. Windelband 1980:149). Die Pflicht und tugendhaftes Handeln, also die Anerkennung und Unterwerfung der vorherrschenden Ordnung, sind die Ziele eines jeden sittlich lebenden Bürgers. Die Erfüllung der Pflichten sich selbst und der Gesellschaft gegenüber wird vom eigenen Willen des Menschen bestimmt, stimmt mit der Logik der Natur überein und wird weder von Furcht noch von Nutzen geleitet. Die tugendhafte Tat ist das Gebot des Gesetzes, gleichzeitig ist sie aber auch das, was der Weise selbst aus eigenem Antrieb vollbringt. (Vgl. Katsigiannopoulos 1979:168).

„Die Annahme, dass Normen des moralischen Verhaltens aus reiner Vernunft gewonnen werden könnten, ergab sich für die Stoiker aus ihren metaphysischen Voraussetzungen. Sie glaubten nämlich, dass die individuelle Vernunft ein Teil der Weltvernunft sei und somit an der vernünftigen Weltordnung teilhabe. Wenn aber die gesunde Vernunft jedes Menschen die allgemeine Ordnung des Kosmos widerspiegelt, dann ist die sittliche Forderung, sich im Handeln der vernünftigen Einsicht zu orientieren, gerechtfertigt, weil der vernünftig Handelnde im Einklang mit den Gesetzen des Universums bzw. in Übereinstimmung mit der Natur als ganzer steht" (Röd 2000:208).

Die Stoiker weiten die Idee der Gesellschaft über die *polis* hinaus auf die gesamte Welt aus und geben der Gesellschaft einen allgemeineren Charakter, so dass schließlich weder politisch noch gesellschaftlich Unterschiede in der ganzen Weite des Universalstaates der Menschheit anzusetzen wären. Die wahre Gemeinschaft des Menschen kennt folglich keine Grenzen von Traditionen, zu denen auch Geschlechterdifferenz, der Unterschied zwischen Freier und Sklave oder kulturelle Voraussetzungen zählen. Ein typisches Charakteristikum der Stoiker ist die Offenheit gegenüber Menschen unterschiedlichster Herkunft. Alle Menschen sind von Natur aus gleichberechtigt und gehören wie die Glieder eines organischen Körpers zusammen. Für den moralisch handelnden Weisen gibt es keinen Fremden und er hat den Auftrag, jedem Menschen zu helfen, egal welcher Herkunft er sein mag. Die ganze Welt ist sein Vaterland. Er ist nicht nur Bürger eines Staates, sondern auch Bürger des größten und umfassendsten Staates, des Staates der Welt. Dieser Staat, der keine Schranken der Nationalität oder des historischen Staates kennt, ist eine vernünftige Lebensgemeinschaft aller Menschen.

Heater benennt sechs Aspekte der stoischen Idee des Kosmopolitismus, die er beginnen lässt mit der Erkenntnis in einer grundlegenden globalen Einheit, die alle Menschen, trotz ihrer kulturellen Unterschiede, zu einer Gattung zusammenfasst. Über den Gedanken der Logik und des einen universell geltenden Gesetzes gelangt er zu der These, dass der zur Logik fähige Mensch, Gott bzw. den Göttern ebenbürtig sei und so mit ihnen in einer *polis*, die hier zu dem Begriff Kosmos ausgeweitet wird, zusammenlebt. Kosmopolitismus bedeute demnach vielmehr Bürger des Universums als Weltbürgertum (Vgl. Heater 2002:30).

Der Kosmopolit im Sinne der griechischen Stoiker nahm sich jedoch nicht als Bewohner einer gigantischen *polis* wahr (so sollte es auch gar nicht sein!), sondern vielmehr, wie eingangs bereits Nieda-Rümelin erwähnte, als ein bewusst lebendes Subjekt im Kosmos, welches der Vernunft vertraute. Im Gegensatz zu den Kynikern verleugnet der stoische Kosmopolit seine Herkunft nicht und isoliert sich auch gegenüber seiner Umgebung nicht. Die sozialen Bindungen an Familie und Gesellschaft werden sogleich auf das Allgemeine, auf die Gesamtheit aller vernünftigen Wesen, übertragen. Gerechtigkeit und allgemeine Menschenliebe gelten als oberste Pflichten in der Idee des stoischen Vernunftreichs (Vgl. Windelband 1980: 150).

„The world citizen was a man who believed that the local laws and customs of his polis led to a one-dimensional moral life. The Stoics, in contrast to the Cynics, did not renounce his citizenship, even though the polis structure was decaying and was being superseded in the late fourth century BC. He did, however, grasp what he believed to be the truth of a higher set of principles to supplement his civic life and by which to live a mire richly moral existence, a divinely ordained morality learned through the precious gift of reason" (Heater 2002:31).

4.1.3 Römische Stoa

Die Idee des Kosmopoliten wurde auch von den römischen Stoikern aufgefasst und weiterentwickelt. Die späte Stoa vertritt die Lehre, dass der Weise unempfänglich für das Unglück und dass die Tugend der Weg zum Glück sei. Dabei stützt sie ihre Konzepte auf das in der griechischen Stoa entwickelte Naturrechtsfundament und Humanitätsideal. Einerseits wird im Zusammenhang mit den römischen Philosophen oft von einem moderaten stoischen Kosmopolitismus gesprochen, der weniger strikt oder fordernd ist. Während der Grieche Chrysippus nur diejenigen Weltbürger nannte, die tatsächlich mit dem Kosmos und seinen Gesetzen in Übereinstimmung lebten, weiteten die römischen Stoiker die Bezeichnung auf alle rational denkenden Menschen aus. Andererseits wurden die Begriffe Bürgerschaft und Staatszugehörigkeit im Römischen Reich wieder zurück ins Lokale gelegt, in vielen Quellen wird dies besonders deutlich, indem das Wort Kosmos gleichbedeutend mit der römischen *patria* (lat. Vaterland) ist. Trotzdem wird der Gedanke der philanthropischen Hinwendung zum anderen auf eine Menschheitskultur nicht verworfen.

Sowohl Cicero als auch Marc Aurel gingen davon aus, dass alle Menschen dadurch verbunden sind, dass sie über Vernunft und Sprache verfügen. Cicero spricht von einer „natürlichen Brüderlichkeit" und Marc Aurel von einer Seelenverwandtschaft, die nicht darin begründet ist, dass dasselbe Blut in den Adern fließt, sondern darin, dass alle über dieselbe Vernunft verfügen (Vgl. Heater 2002:32f.).

Besonders deutlich wird Aurels Idee einer durch die Vernunft geeinten Menschheit, die Heater als die reifste Form des Kosmopolitismus nennt, in seinem Werk „Wege zu sich selbst". Hier schreibt er: *„Wenn das Geistige uns gemein ist, so ist auch die Vernunft, kraft deren wir vernünftig sind, gemeinsam; gilt dies, so ist auch die Vernunft, die, was zu tun und nicht zu tun ist, vorschreibt, gemeinsam; gilt dies, so ist auch das Gesetz gemeinsam; gilt dies, so sind wir Staatsbürger; gilt dies, so haben wir Anteil an einem Staatswesen; gilt dies, so ist die Welt gleichsam ein Stadtstaat"* (Aurel 1984:77).

Ciceros Definition des Naturgesetzes „*Es ist aber das wahre Gesetz die richtige Vernunft, die mit der Natur im Einklang steht, sich in alle ergießt, in sich konsequent, ewig ist, die durch Befehle zur Pflicht ruft, durch Verbieten von Täuschung abschreckt, die indessen den Rechtschaffenen nicht vergebens befiehlt oder verbietet, Ruchlose aber auch durch Geheiß und Verbot nicht verbietet…Wir können aber auch nicht durch den Senat oder das Volk von diesem Gesetz gelöst werden, es braucht als Erklärer und Deuter nicht Sextus Aelius geholt werden, noch wird in Rom ein anderes Gesetz sein, ein anderes in Athen, ein anderes jetzt, ein anderes später, sondern alle Völker und zu aller Zeit wird ein einziges, ewiges und unveränderliches Gesetz beherrschen*“ (Cicero 1993:205) beinhaltet die Quintessenz des klassischen Kosmopolitismus und beeinflusst später vor allem Immanuel Kant. Gesetz, Natur, Moral und Vernunft sind als miteinander verbundene Aspekte dafür verantwortlich, dass alle Menschen ihre angeborene Fähigkeit, der Vernunft folgend zu handeln, entwickeln und so ein moralischen Leben führen können.

Im Anschluss an die griechische und römische Antike gibt es auch eine christliche Thematisierung des Naturrechts, und sodann kann auch gesagt werden, eine christliche Idee des Kosmopolitismus'. Bei diesem Kosmopolitismus geht es hauptsächlich um eine Transzendierung der faktischen Gemeinschaft der Menschen in eine göttliche. Um Begriffe des Augustinus zu benutzen: Der Übergang der *civitas terrena* in eine *civitas Dei*. Obwohl der stoische Kosmopolitismus verbunden mit der Lehre des Naturrechts nirgendwo einflussreicher war, wurde der von den Christen gedachte Kosmopolitismus wieder zu einer Gemeinschaft, der nur bestimmten Menschen der Zutritt gewährt wurde (Vgl. Brown/Kleingeld 2006).

Zusammenfassend bleibt festzuhalten, dass der Kosmopolitismus der Antike die traditionelle Ordnung einer spezifischen *polis oder patria* überwindet und eine transtraditionelle, transkulturelle und transnationale Ordnung hervorbringt. „*Ein Kosmopolites ist eine Person, die sich selbst entweder in ihrem Denken oder in der Praxis von den Sitten oder Gesetzen distanziert und sie vom Standpunkt einer höheren Ordnung betrachtet, die als mit der Vernunft identisch gesehen wird"* (Benhabib 2009:67). Der Mensch kann in seine eigene Menschheit einkehren, indem er die ihn behindernden traditionalen, kulturellen und nationalen Beschränkungen hinter sich lässt.

Angefangen bei Sokrates, über die Konzepte der griechischen und römischen Stoa bis hin zu Augustinus ist auffällig, dass der spezifische Ort *kosmos* und seine Bewohner immer wieder anders gefasst werden und der Kosmopolitismus so immer wieder in anderen Formen spezifischer Gesetzesordnungen in Erscheinung tritt. Oft wird der Begriff allerdings negativ konnotiert, indem er sich der Kritik stellen muss, dass der Kosmopolit ein Nomade ohne Heimat sei, der in Harmonie mit der Natur und dem Universum lebe, aber nicht mit dem Stadtstaat der Menschen, ein „wurzelloser Kosmopolitismus" also.

Die stoischen Ideen, ob sie nun negativ oder positiv gewertet wurden, nehmen auch nach dem Ende der römischen Stoa Einfluss auf das Denken der europäischen Philosophen. Kimberly Hutchings nennt drei besonders signifikante Aspekte, die die Reinterpretation des Stoischen im Denken der Aufklärer zeigen. Erstens, der Idee des Naturrechts folgend, die Annahme, dass alle Menschen über eine gemeinsame moralische Identität und über ein gemeinsames moralisches Recht verfügen. Zweitens, ausgehend von einer Menschheitsgemeinschaft, eine gemeinschaftliche Vorstellung von trans-staatlichen, internationalen oder globalen wirschaftlichen und politischen Institutionen und Regierungen und drittens, die Annahme einer universellen oder über einen kosmopoliten Standard verfügende Rechtssprechung (Vgl. Dannreuther/Hutchings 1999:11f.).

4.2 Frühe Neuzeit und Aufklärung

Im 18. Jahrhundert wurden die Begriffe „Kosmopolitismus" und „Weltbürgertum" zu Modewörtern. Man benutze sie nicht nur um eine bestimmte philosophische Denkrichtung zu bezeichnen, sondern vor allem um auf eine allgemeine Aufgeschlossenheit und Vorurteilslosigkeit von Personen zu verweisen. Ein Kosmopolit war jemand, der keiner religiösen oder politischen Macht unterwürfig, jemand, der unbeeinflusst von Loyalitäten oder Voreingenommenheiten war. Gerne wurde der Ausdruck auch dazu benutzt, eine Person zu bezeichnen, die einen urbanen Lebensstil pflegte, viel reiste und über ein Netzwerk internationaler Kontakte verfügte, kurz gesagt: Jemand, der sich überall zu Hause fühlte. Daher lassen sich in Enzyklopädien aus dieser Zeit unter dem Schlagwort „Kosmopolit" auch häufig die Beschreibungen als einen Menschen ohne festen Aufenthaltsort oder als Menschen, der sich nirgendwo als Fremder fühlt, finden.

Besonders Philosophen identifizierten sich mit Vorliebe mit dem Bild des Kosmopoliten, jedoch meist nur mit einem Teilaspekt dessen, da es auch durchaus kritische Stimmen gab. Johann Georg Schlosser schreibt 1777 dazu im Teutschen Merkur „*Wem alles zu Hause wohl steht, oder wem's zu Hause nicht mehr gefällt, oder wer keine Heimat hat, der werde ein Kosmopolit! – Wer's ist, nahe nie meinem Vaterland! Der Jedermannsbürger ist wie der Jedermannsfreund. Patriotismus hebt die Menschenliebe nicht auf; aber Menschenliebe und Vaterlandsliebe müssen untergeordnet seyn. Stolz auf seine Nation seyn, ist besser als keine haben; und die andern Nationen, im Gefühl seiner Freiheit und seines Werths, verachten, ist besser als den andern dienen, oder den andern nachäffen*" (Schlosser 1777:106). Auch Rousseau äußert seinen Unmut in seinem Genfer Manuskript zum „Contrat Social": „*Sie prahlen damit, jeden zu lieben und das Recht zu haben, niemanden zu lieben!*" (Rousseau nach Albrecht 2005:49).

Entgegen aller Kritik verstanden sich die Kosmopoliten des 18. Jahrhunderts nicht als Ultra-Individualisten, sondern, der stoischen Idee folgend, als ein positives moralisches Ideal einer universalen menschlichen Gemeinschaft. Dieses Ideal sollte keineswegs als ein Feindbild des

Patriotismus oder der Vaterlandsliebe betrachtet werden, denn obwohl diese beiden Begriffe in Opposition zu stehen scheinen, meinen sie im aufklärerischen Sinn völlig verschiedenes. So hindert beispielsweise Wieland, der im Folgenden näher beleuchtet werden soll, seinen Weltbürger nicht, sein Vaterland zu verleugnen. Denn dieser vertritt vielmehr die These, dass der Weg immer vom Bürger zum Weltbürger führe und nicht umgekehrt (Vgl. Manger 1996:1639f.)

4.2.1 Christoph Martin Wieland

In Deutschland wird die Entwicklung des Kosmopolitismusbegriffs im 18. Jahrhundert maßgeblich durch die Schriften des Weimarer Prinzenerziehers Christoph Martin Wieland vorangetrieben. Für ihn ist ein Weltbürger derjenige, *„den seine herrschenden Grundsätze und Gesinnungen, durch ihre reine Zustimmung mit der Natur, tauglich machen, in seinem angewiesenen Kreise zum Besten der großen Stadt Gottes mitzuwirken. Nur der gute Bürger verdient diesen Namen vorzugsweise“* (Wieland 1797:171). Die Weltbürger *„betrachten alle Völker des Erdbodens als eben so viele Zweige einer einzigen Familie, und das Universum als einen Staat, worin sie mit unzähligen andern vernünftigen Wesen Bürger sind, um unter allgemeinen Naturgesetzen die Vollkommenheit des Ganzen zu befördern, indem jedes nach seiner besonderen Art und Weise für seinen eigenen Wohlstand geschäftigt ist“* (a.a.O.:167f.). Vaterlandsliebe wird als eine *„mit den kosmopolitischen Grundbegriffen, Gesinnungen und Pflichten unverträgliche Leidenschaft“* (a.a.O:177) abgelehnt, ebenso wie jede laue *„Weltbürgerey“* (ebd.).

Wieland, dem selbst immer wieder eine Nähe zu den Illuminaten[6] unterstellt worden ist, warnt ausdrücklich vor so genannten neugierigen

---

[6] Der Illuminatenorden ist eine im 18.Jahrhundert gegründete Geheimgesellschaft, deren Ziel es ist, durch Aufklärung und sittliche Verbesserung, die Herrschaft von Menschen über Menschen überflüssig zu machen.

„After-Kosmopoliten" als verantwortungslose Vertreter des aufgeklärten Bürgertums. Er bezeichnet sie als „falsche Brüder", die Imaginierbares für Realisierbares ausgeben und so sich selbst und andere täuschen. Als „wahre Kosmopoliten" bezeichne er nur eine kleine elitäre Gruppe der höheren Klasse, die sich von der Masse des unaufgeklärten Volks dadurch absetze, dass ihre Vertreter in der Lage seien, sich durch Vernunft selbst zu leiten anstatt durch Glauben geleitet zu werden (Vgl. Wieland 1783:311-323).

Zwar knüpft Wieland in mancher Hinsicht an den stoischen Gedanken an, jedoch widerspricht er der klassischen Sichtweise, indem er das Kosmopolitsein nur auf einen bestimmten Teil der Gesellschaft beschränkt. Zu dieser kosmopolitischen Elite erhält man nur Zugang *qua* angeborener Eignung, also durch Zugehörigkeit zu einer Art Geistesaristokratie. Ein Hineinwachsen durch Erziehung bzw. Bildung ist nicht möglich (Vgl. Albrecht 2005:102). Zwar könne seiner Meinung nach die individuelle Erziehung aus einer guten Veranlagung heraus die Entwicklung menschlicher, bürgerlicher Tugenden fördern und vor allem diese auf ein gemeinschaftliches Interesse lenken, allerdings könne der Mensch dadurch nicht ein Weltbürger werden. Denn dieses Kosmopolitwerden entziehe sich weiterer Beeinflussung von außen und liege allein in der Gesinnung des Einzelnen begründet. *„Ein hohes Maß an Vernunft und freundschaftlicher Geist sind dazu vonnöten, damit die privaten und öffentlichen Verhältnisse nicht nur unterscheidbar, sondern auch getrennt bleiben. Der Kosmopolit muss sich gewissermaßen in jede Lage schicken können und sich privat, familiär, bürgerlich und weltbürgerlich zugleich verhalten. Als Weltbürger bleibe er dabei immer autonom, was nicht anderes heißt, als dass er weder einer organisierten noch einer verfassten Körperschaft angehört"* (Manger 1996:1654f.).

Weltbürger im Sinne Wielands sind folglich Mitglieder einer kleinen Gruppe auserwählter, intellektuell besonders geeigneter Bildungsbürger, die von einer Außenseiterrolle aus mit Objektivitäts- und Neutralitätsanspruch den Entwicklungsprozess der Gesellschaft betrachten und in aufklärerischer Absicht gegebenenfalls kommentieren (Vgl. Albrecht 2005:393). McCarthy begründet diese Reglementierung damit, dass Wieland ausschließlich den edleren und besseren Teil der denkenden Mitmenschen im Auge hatte, da nur diese in der Lage waren, die Staatsverhältnisse zu beeinflussen, obwohl er eigentlich, im Gegensatz zu anderen Denkansätzen seiner Zeit, Abstand von der Möglichkeit eines unmittelbar kosmopolitischen Eingreifen in die Geschichte genommen hatte (Vgl. McCarthy 2008:369).

4.2.2 Immanuel Kant

Immanuel Kant löst die Beschränkung des Kosmopolitseins wieder auf und führt den Gedanken der Stoiker, insbesondere den Ciceros, fort. Für ihn sind alle rational denkenden Lebewesen Mitglieder einer einzigen moralischen Gesellschaft. Sie sind sich gleich entsprechend einer Bürgerschaft im politischen Sinn, was bedeutet, dass sie über die gleichen Vorstellungen von Frieden, Gleichheit und Unabhängigkeit verfügen und ihre sich selbst gegebenen Gesetze, die in der Vernunft gründen, respektieren (Vgl. Heater 2002:35).

Bei Kant rückt der Kosmopolitismus in den Mittelpunkt der Geschichts- und Rechtsphilosophie. In der „Idee zu einer allgemeinen Geschichte in weltbürgerlicher Absicht" von 1784 erscheint der weltbürgerliche Zustand als Naturabsicht. Kant geht davon aus, dass die Natur die Menschen mit allen Naturanlagen ausgestattet hat und diese sich im Laufe eines Menschenlebens vollständig und zweckmäßig entwickeln sollen. Zu diesen Naturanlagen zählen vor allem Vernunft und eine sich darauf gründende Freiheit des Willens. Trotz dieser Willensfreiheit gehen von der Natur Zwänge aus, z.B. sieht die Natur für die Menschen kein Leben in Eintracht vor, sondern bevorzugt Zwietracht, da nur so alle Kräfte des Menschen, also alle von der Natur mitgegebenen Anlagen, vollständig genutzt werden können (Vgl. Kant 1949:4-8). Auf diese Weise zwingt die Natur den Menschen dazu, in einer bürgerlichen Gesellschaft, die auf einer allgemein gültigen Verfassung beruht, zu leben. Diesen Gedanken weitet Kant auch über die Grenzen eines Staates hinaus aus und fokussiert damit eine vollkommene bürgerliche Vereinigung der Menschengattung. „…so fängt sich dennoch gemeinsam schon ein Gefühl in allen Gliedern, deren jedem an der Erhaltung des Ganzen gelegen ist, an zu regen; und dieses gibt Hoffnung, dass nach manchen Revolutionen der Umbildung endlich das, was die Natur zur höchsten Absicht hat, ein allgemeiner weltbürgerlicher Zustand als der Schoß, worin alle ursprünglichen Anlagen der Menschengattung entwickelt werden, dereinst einmal zustande kommen werden" (Kant 1949:17).

Elf Jahre später veröffentlichte Kant seine Schrift „Zum ewigen Frieden". Ein philosophischer Entwurf" und verankert damit den Kosmopolitismus auch in der Rechtsphilosophie. Ausgehend von der Frage nach den Bedingungen der Möglichkeit eines ewigen Friedens unterscheidet er in diesem Essay, dem manche Autoren auch einen historischen Anlass zuschreiben, nämlich den Baseler Frieden zwischen Preußen und Frankreich vom 5. April 1795 (Vgl. Höffe 1995:5; Benhabib 2009:67), Staatsbürger-, Völker- und Weltbürgerrecht. Während das Völkerrecht die Beziehungen der Staaten untereinander regelt und, basierend auf einem „Föderalism freier Staaten" (Kant 2008:16), über einen Kriege ausschließenden Völkerbund den ewigen Frieden ermöglichen soll, betrifft das „Weltbürgerrecht" die rechtliche Sicherung von Personen beim Besuch fremder Staaten und Völker. Es gilt „so fern Menschen und Staaten, in äußerem auf einander einfließendem Verhältnis stehend, als Bürger eines allgemeinen Menschenstaats anzusehen sind (ius cosmopoliticum)" (a.a.O.:11) und soll „auf Bedingungen der allgemeinen Hospitalität eingeschränkt sein" (a.a.O.:21).

Diese kleine Friedensschrift war seinerzeit geradezu revolutionär und appellierte an die Vernunft der Menschen und deren aktive Rolle bei der Herstellung bzw. Stiftung des ewigen Friedens. Schon in der „Idee zu einer allgemeinen Geschichte in weltbürgerlicher Absicht", in der es zwar heißt, dass die Natur für die Menschen ein Leben in Zwietracht bzw. im Kriegszustand vorgesehen hat, wird deutlich gemacht, dass die Natur ebenfalls den ewigen Frieden garantiert, indem sie die Menschen dazu veranlasst, bewusst das objektiv Notwendige zu tun, von ihrer Vernunft geleitet Entscheidungen zu treffen und nach Gerechtigkeit zu trachten. So wird die Stiftung des Friedens zur Aufgabe der Menschheit und wird durch das Weltbürgerrecht als ein rechtliches Prinzip verankert (Vgl. Blankertz 1984:13-24). Hervorzuheben bleibt jedoch, dass hier das stoische philanthropische Ziel nicht beachtet wird. Hospitalität sei daher nicht als soziale Tugend zu verstehen, als Menschenfreundlichkeit oder Generosität gegenüber Fremden, sondern als „Recht", das allen Menschen zusteht insofern sie als „Bürger eines allgemeinen Menschenstaates", einer Weltrepublik gelten (Vgl. Benhabib 2009:68).

Bei Kants Programm zu einer kosmopolitischen Weltordnung steht im Gegensatz zu den vorangegangen Philosophen keine individuelle Ethik im Vordergrund, sondern eine politische Philosophie, die sich durch eine universelle Institutionalisierung einer kosmopolitischen Weltordnung die Befriedung aller auf partikularen Gegensätzen und Interessen basierenden Konflikte zum Ziel gesetzt hat. Anders als in den antiken Vorstellungen der Kyniker und der Stoa sei das Verhältnis von Kosmopolitismus und Natur in diesem Fall jedoch umgekehrt zu betrachten. Nicht der Kosmopolitismus sei als Naturzustand, den es durch das Überwinden der künstlichen Einteilung in Staaten hinter sich zu lassen gilt, anzusehen, sondern der natürlich Zustand sei es, der eben durch die kosmopolitische Vernunftordnung aufgehoben werden soll. Diese aufgeklärte Vorstellung des Kosmopolitismus gründet in der Überzeugung, dass die Menschen in der Lage sind, sich aus der eigenen Vernunft heraus Gesetze zu geben und sich so für die Zukunft ihr Wohlergehen selbständig sichern können (Vgl. Köhler 2006:32ff.).

Beide Formen des oben diskutierten Kosmopolitismus, ethischer oder politischer, können sowohl negativ als auch positiv bewertet werden. Im Bezug auf den ersten genannten Ansatz kann die kosmopolitische Identifikation einerseits positiv als das Transzendieren beschränkter Kontexte, als Herausbildung eines „Eine-Welt-Denkens" gesehen werden, andererseits aber auch negativ als Verrat an partikularen Identitäten und Kollektiven. Kurz gesagt, der ethische Kosmopolitismus bewegt sich im Kontinuum zwischen der positiven und edlen Idealfigur des Weltbürgers und der negativen Schreckgestalt des Heimatverräters.

Auch die Debatte um den politischen Kosmopolitismus lässt sich aus zwei Blickwinkeln beobachten. So kann eine kosmopolitische Weltordnung entweder zur erhofften Verwirklichung des Idealzustands eines „Ewigen Friedens" werden, aber auch als Ende von Politik und Geschichte zu einem Synonym von „Friedhofsruhe", oder in Form eines missionarischen militärischen Humanismus zu einer tiefgreifenden Veränderung bis hin zur Auflösung der bislang gültigen Unterscheidungsmöglichkeiten von Krieg und Frieden führen (Vgl. Köhler 2006:36f.).

4.3. Kosmopolitismus der Gegenwart

Nachdem der ethische Kosmopolitismus von totalitären Regimes negativ ausgelegt wurde, in Form des bereits oben erwähnten Bildes des Heimatverräters oder einer Bedrohung durch ein Individuum, das seine kulturelle Zugehörigkeit frei wählen kann, hat sich der Bezugspunkt des philosophischen Kosmopolitismus nach dem Ende des Kalten Krieges deutlich gewandelt. Nach zahlreichen Vorwürfen, eine unrealistische Option darzustellen und im Grunde nichts anderes zu sein als ein ethisch-moralischer Universalismus mit einer neuen Bezeichnung, entdeckten vor allem die Linken das kosmopolitische Denken als Gegenentwurf zu den vielerorts wieder an Bedeutung gewinnenden Nationalismen. Dieser Gegenentwurf orientiert sich vornehmlich an dem Wohl der Menschheit verbunden mit der Achtung kultureller Differenzen.

Der „Neue Kosmopolitismus", der sich in erster Linie versucht, realistischer oder realisierbarer zu präsentieren, nimmt daher weder die universalistischen Prinzipien wie die Vernunft als Orientierungspunkt und ebenso wenig die Menschheit oder die Welt als Ganzes, noch vernachlässigt er lokale und partikulare Bezüge wie beispielsweise Emotionen oder Patriotismus. Vielmehr versucht er, einen Mittelweg in dem Spannungsfeld zwischen universalistischen und partikularistischen Prinzipien zu formulieren. Die neuen kosmopolitischen Theorien sprechen vom Anderen, Andersheit und Alterität. Kosmopolitismus bedeutet nicht mehr im ethischen Sinne eine individuelle Verpflichtung gegenüber der gesamten Menschheit oder im politischen die Institutionalisierung einer universalistischen Weltordnung, sondern setzt als handlungsleitendes Prinzip die Anerkennung der Andersheit der Anderen (Vgl. Köhler 2006:35-38).

4.3.1 Kwame Anthony Appiah

Basierend auf dem Grundgedanken der Moral, dass jeder Mensch gegenüber jedem Menschen, den er kennt und auf den sein Handeln möglicherweise Auswirkungen haben könnte, Verpflichtungen habe, entwickelt der britisch-ghanaische Philosoph Kwame Anthony Appiah in seinem jüngsten Buch „Der Kosmopolit. Philosophie des Weltbürgertums" eine kosmopolitische Ethik, die die Vielfalt der Kulturen auch dann als einen Gewinn begreift, wenn wir nach ganz unterschiedlichen Werten und Wahrheiten leben.

Die Herausforderung der heutigen Zeit bestehe darin, das über Jahrtausende in kleinen, lokalen Gruppen geformte Denken und Fühlen mit Ideen und Institutionen auszustatten, die das Zusammenleben in dem globalen Stamm, zu dem die Welt geworden ist, ermöglichen. Kosmopolitismus ist in diesem Sinn als ein Werkzeug zu verstehen, das helfen soll, in der menschlichen (globalen) Gemeinschaft ebenso wie in nationalen Gemeinschaften Bräuche für das Zusammenleben - Formen des Umgangs und der Geselligkeit - zu entwickeln. Allerdings ist dabei stets zu beachten, dass Appiah mit seiner Idee des Kosmopolitismus auf gar keinen Fall einen Lösungsweg für die gegenwärtigen Probleme vorgibt. Vielmehr stellt für ihn der Kosmopolitismus eine Herausforderung dar (Vgl. Appiah 2007:9-17).

Kosmopolitismus ist keineswegs als erhabene Fähigkeit zu verstehen. Er folgt zwei Strängen, die auf einfachen philanthropischen Grundsätzen basieren: Erstens, wie oben bereits erwähnt, der Gedanke, dass alle Menschen gegenüber anderen Menschen, die über die Blutsverwandtschaft und selbst über die eher formalen Bande einer gemeinsamen Staatsbürgerschaft herausgehen, Pflichten haben und zweitens, die Vorstellung, dass nicht nur der Wert menschlichen Lebens schlechthin, sondern des einzelnen menschlichen Lebens ernst genommen werden sollen, d.h. dass sich für die praktischen Tätigkeiten und Glaubensüberzeugungen interessiert werden soll, durch die das Leben des Gegenübers seine Bedeutung erhält (Vgl. a.a.O:13).

Menschliche Vielfalt steht im Zentrum des kosmopolitischen Denkens. Jeder Mensch hat ein Recht auf sein eigenes Leben und deshalb auch ein Recht auf alle Möglichkeiten, die er benötigt, um seinen eigenen Weg zu gehen und gleichzeitig sein Leben gemeinsam mit anderen zu gestalten. Pluralismus, Fallibilismus und Toleranz spielen eine große Rolle bei Appiahs Ausführungen. Pluralismus besonders bezogen auf Werte, nach denen Menschen leben, und ihre Identitäten. Kosmopoliten glauben, dass es eine große Anzahl an Werten gibt, nach denen es sich lohnt zu leben. Allerdings sind sie sich auch bewusst, dass es wiederum unmöglich ist, nach all diesen Werten zu leben und es daher nötig ist, sich zu entscheiden, welchen Werten in der Lebensgestaltung mehr Bedeutung zukommen soll und welchen weniger. Einige dieser Werte verfügen über einen universellen Charakter, andere sind von lokaler Natur. *„Was zu glauben wir beim Blick auf die Welt für vernünftig halten, hängt erstens von unseren bereits vorhandenen Überzeugungen ab und zweitens von den Ideen, die wir kennengelernt haben* (a.a.O:64)". Gleichfalls spricht der Autor sich gegen festgefügte kulturelle Identitäten aus. Selbst eine lokale Kultur bestehe aus vielen Facetten und ist keineswegs als in sich naturwüchsig, authentisch und ewiglich zu betrachten. Kulturelle Reinheit bezeichne einen Widerspruch an sich (a.a.O.:124).

Fallibilismus benennt den Gedanken, dass unser Wissen unvollkommen und provisorisch ist. Mit jeder neuen Begegnung mit anderen Menschen, wird es in Frage gestellt und angesichts neuer Erkenntnisse verlangt es, revidiert zu werden. Das kosmopolitische Verständnis von Toleranz basiert in einem respektvollen Umgang mit Menschen, auch wenn sie unsere Weltsicht nicht teilen. Gerade diese Begegnungen verfügen in Appiahs kosmopolitischer Idee über einen besonderen Stellenwert, denn besonders von den Menschen, die über andere Ansichten verfügen, wird besonders viel gelernt! (Vgl. a.a.O.:175f.)

Zusammenfassen lässt sich das Weltbürgertum Appiahs in zwei Schlagworten: Universalität und Unterschied (Vgl. a.a.O.: 182). Einerseits verfügt jeder Mensch über das Recht auf Selbstbestimmung, anderseits sollte diese Selbstbestimmung moralischen, universellen Grundsätzen folgen. Diese universellen Grundsätze sollen jedoch auf keinen Fall zu irgendeiner Form von Universalismus oder Gleichförmigkeit führen, sie dienen lediglich dazu, dass die Menschen friedlich miteinander umgehen. Vielmehr schätzen die Kosmopoliten die Differenzen zwischen den Menschen: *„Wenn wir ein breites Spektrum menschlicher Lebensweisen bewahren wollen, weil dies freien Menschen die beste Chance bietet, ihr Dasein selbst zu gestalten, ist kein Platz für den Versuch, Vielfalt zu erzwingen, indem man Menschen in einer Form von Andersartigkeit gefangen hält, aus der sie selbst entkommen möchten"* (a.a.O.:131f.).

Das Weltbürgertum beginnt mit dem Menschlichen am Menschen, frei nach dem Anspruch Terenz' *„Homo sum, humani nil a me alienum puto – Ich bin ein Mensch, nichts menschliches ist mir fremd"* (Terenz nach Appiah a.a.O.:139f.) Das Menschsein an sich stellt ein verbindendes Element zwischen allen Menschen dar, dazu sind keine Universalien nötig, sondern nur wenige gemeinsame Werte. Kulturelle Differenzen werden so niedergehängt, gefordert wird ein praktisches Arrangieren, kosmopolitische Neugier, ein kulturübergreifendes Gespräch. Um solch ein kulturübergreifendes Gespräch über die Grenzen der nationalen, religiösen oder sonstigen Identitäten hinweg beginnen zu können, reicht bereits eine kleine Gemeinsamkeit aus. Es muss auch nicht im Konsens enden, im Gegenteil! Denn nach kosmopolitischer Manier sind es ja gerade jene Gespräche mit Menschen völlig anderer Überzeugung, die einen Lerneffekt beinhalten (s.o.). Diese Gespräche sind auch keinesfalls im buchstäblichen Sinn von Konversation zu fassen, sondern als Metapher für einen herrschaftsfreien Austausch von Argumenten und für das Bemühen sich auf die Erfahrungen und Ideen des Gegenübers einzulassen mit dem Ziel, dass es den Beteiligten hilft, sich einander zu gewöhnen (Vgl. a.a.O:112ff.).

4.3.2 Ulrich Beck. Reflexive Modernisierung und Kosmopolitismus versus Kosmopolisierung

„Der Kosmopolitismus hat aufgehört, eine bloße, dazu noch umstrittene Vernunftsidee zu sein, er ist, wie verzerrt auch immer, aus den philosophischen Luftschlössern aus – und in die Wirklichkeit eingewandert. Mehr noch: Er ist zur Signatur eines neuen Zeitalters geworden, des Zeitalters der reflexiven Moderne" (Beck 2004:8).

4.3.2.1 Exkurs: Reflexive Modernisierung

Die Theorie der reflexiven Modernisierung konstatiert einen epochalen gesellschaftlichen Umbruch, der sämtliche gesellschaftliche Teilsysteme einbezieht. Neben Ulrich Beck zählen vor allem Anthony Giddens und Scott Lash zu den prominenten Vätern dieser Theorie. Sie operieren an einer doppelten theoretischen Frontstellung: einerseits attackieren sie eine „Zombie-Soziologie", die immer noch alte Institutionen und Werte hochlebt und so versucht, eine Gesellschaftsform zu konservieren, die es schon längst nicht mehr gibt. Auf diese Weise kritisieren sie die ‚alten' Theorien wie den Marxismus oder den systemtheoretischen Funktionalismus. Andererseits sprechen sie sich aber auch klar gegen postmoderne Theorien aus, die nach dem ‚everything goes'- Prinzip vorgehen (Vgl. Beck 1996:22f.).

Die Theorie der reflexiven Modernisierung basiert auf der Behauptung einer *„Selbsttransformation der Industriegesellschaft; also Auf- und Ablösung der ersten durch eine zweite Moderne ... Das heißt: Die großen Strukturen und Semantiken nationalstaatlicher Industriegesellschaften werden (z.B. durch Individualisierungs- und Globalisierungsprozesse) transformiert, verschoben, umgearbeitet, und zwar in einem radikalen Sinne; keineswegs – wie das Allerweltswort „reflexive" Modernisierung nahelegt - unbedingt bewusst und gewollt, sondern eher unreflektiert, ungewollt, eben mit der Kraft verdeckter (verdecket gehaltener) Nebenfolgen"* (a.a.O.:27).

Mit anderen Worten: Die alten Sicherheiten einer Gesellschaft brechen weg. Verbindlichen Sozialformen wie Nationalstaaten und eine in Klassen und Schichten gegliederte darin befindliche Gesellschaft befinden sich in fortschreitender Auflösung. Tradierte Sozialmilieus, vorgegebene Formen der Geschlechterbeziehungen, religiöse Bindungen usw. verlieren an Gültigkeit. Dieser epochale Umbruch vollzieht sich allerdings heimlich, still und leise. Reflexive Moderne meint nämlich gerade *nicht reflektierte* Moderne. Der Begriff behauptet keineswegs den Übergang zu einer bewussteren - und damit vielleicht besser steuerbaren - Moderne, vielmehr wird als Folge eine systemisch hergestellte Unsicherheit proklamiert, die als eigentlicher „Motor der Gesellschafts-Geschichte und Gesellschafts-Veränderung" zu sehen ist (Vgl. a.a.O: 7-39).

4.3.2.2 Kosmopolitismus vs. Kosmopolisierung

Beck unterscheidet aus einem sozialwissenschaftlichem Blickwinkel zwischen den Begriffen Kosmopolitismus und Kosmopolisierung. Kosmopolitismus wird dabei eindeutig auf der Ebene der Philosophie angesiedelt, während die Kosmopolisierung ihren Platz in der Praxis findet.

Normativer oder philosophischer Kosmopolitismus plädiere für Harmonie über kulturelle und nationale Grenzen hinweg. Ein kosmopolitisches Leben zu führen, sei nach dieser Idee eine bewusste und freiwillige, oft sogar elitäre Wahl. Dagegen soll mit dem Begriff Kosmopolisierung (oder kosmopolitischer Realismus) darauf aufmerksam gemacht werden, dass das Kosmopolitischwerden der Wirklichkeit als eine erzwungene Wahl oder als ungewollte und ungesehene Nebenfolge von Entscheidungen, die nicht als kosmopolitisch im normativen Sinn intendiert waren, zu interpretieren ist. Synonym können auch Begriffe wie „latenter Kosmopolitism", „unbewusster Kosmopolitism" oder „passiver Kosmopolitism" verwendet werden.

Als Beispiele werden die Nebenfolgen des Welthandels oder globale Gefahren wie Klimakatastrophen, Terrorismus oder Finanzkrisen angeführt. Globale Gefährdungen wie diese lassen Interdependenzen zwischen sozialen Akteuren über nationale Grenzen wachsen. Not oder Risiko werden von allen Seiten wahrgenommen und führen so zu einem Kooperationsdruck, der auf einem gemeinsamen Verantwortungsbewusstsein basiert. (Vgl. Beck 2004.:30-38) *„Kein Zweifel, ein erlittener, unfreiwilliger ist ein deformierter Kosmopolitismus. Dass die realexistierenden Kosmopolitismen, nicht erkämpft, gewählt, als Edelfortschritt, im Glanze moralischer Aufklärungsautorität, sondern deformiert, profan, in der Dunkelheit und Anonymität der Nebenfolge auf die Welt gekommen sind, ist eine wesentliche Einstiegseinsicht des sozialwissenschaftlich gewendeten kosmopolitischen Realismus"* (a.a.O.:34).

Zeitdiagnostisch beschreibt Ulrich Beck den Übergang von Nationalgesellschaften zu kosmopolitischen Gesellschaften, vom nationalen Blick zum kosmopolitischen Blick. Die ‚alte' Sichtweise, den nationalen Blick, kritisiert er in erster Linie aufgrund seiner Eingeschränktheit. Der Nationalgesellschaft werde mit dem Nationalstaat gleichgesetzt, gedacht werde nur in „Entweder-Oder-Kategorien" und die Möglichkeit, dass sich die Einheit von Staat und Nation je auflösen könnte, verbliebe außerhalb des sozialwissenschaftlich Erwartbaren. Es liege ein *„territoriales (Miß-) Verständnis von Kultur und kultureller Pluralität vor. Wenn Kultur territorial eingegrenzt begriffen wird, dann führt die Frage nach der Pluralität in die*

Sackgasse der falschen Alternativen: Entweder universelle Angleichung ("McDonaldisierung") oder Unvergleichbarkeit der Perspektiven (Inkommensurabilität)" (Beck 2004:47).

Kapitel 5

Zwischenfazit II. Konstituierende Gedanken des Kosmopolitismus

Der Begriff Kosmopolitismus geht auf ideologische und philosophische Strömungen der Antike sowie vor allem der Aufklärung zurück und ist daher nicht als ein modernes, durch die Globalisierung entstandenes Phänomen zu bezeichnen. Inhaltlich ist er geprägt von einer weltoffene Geisteshaltung und universalistische Orientierung. Erst neuerdings wird er auch mit realen sozialen Prozessen gesellschaftlicher Transformation in Verbindung gebracht.

Kosmopolitismus stellt zum einen eine geistige Haltung, die auf einer starken Vernunftorientierung und einer Unabhängigkeit gegenüber jeglichen Fremdzwängen beruht, und zum anderen eine emotionale Bindung zur Welt, nämlich die der Sympathie mit ähnlich ausgeprägten Lebensformen dar.

Kosmopolitismus versteht sich als positiver Gegenentwurf zum Begriff Globalisierung. Während diese immer noch *"eindimensional als wirtschaftliche Globalisierung verstanden"* wird, muss *"Kosmopolisierung...dagegen als multidimensionaler Prozess entschlüsselt werden"* (Beck 2004:18). Kosmopolitismus meint eine kognitive und normative Mobilisierung, die die Erfahrung von Grenzabbau bzw. Grenzenlosigkeit, Andersartigkeit und globaler Interdependenz aufnimmt und auf dieser Basis ein neues Verhältnis zur Welt konstruiert, welches gleichzeitig geprägt wird von Toleranz und Offenheit und von einem globalen Verantwortungsgefühl.

Dieses kosmopolitische Denken wird erst in der Begegnung mit Andersheit, Fremdheit oder Differenz deutlich und resultiert in der Fähigkeit und Bereitschaft, sich auf die fremde Kultur des Gegenübers einzulassen. Dabei muss immer beachtet werden, dass damit keinesfalls eine Loslösung oder Entkoppelung von lokalen Strukturen oder eine Herkunfts- und Standortvergessenheit bei den sozialen Akteuren ausgelöst werden soll. Kosmopolitismus wie er in der heutigen Zeit begriffen wird, meint, die Fähigkeit, das Nahe und das Ferne miteinander zu verbinden und in beiden Bezugsebenen in Übereinstimmung mit ethischen Prämissen zu denken und auch zu handeln. Der Kosmopolitismus nimmt daher eine Zwischenstellung ein, die sich jenseits von nationalstaatlichen Denkansätzen und auch jenseits von einem ortlosen und übernationalen Weltbürgertum lokalisieren lässt. Der Kosmopolitismus hat seinen Ursprung in dem Tatbestand und der Erfahrung von Interdependenz und Grenzüberschreitung und beruht letztendlich in dem Wissen und der Anerkennung dieser Zusammenhänge.

Kapitel 6

Kosmopolitismus als Bildungskonzept

Das zentrale Element oder auch die Führungsinstanz des pädagogischen Handelns in Erziehung und Bildung sind die pädagogischen Ziele und die mit ihnen verbundenen grundlegenden Weltorientierungen sowie das zugrundeliegende Menschenbild. Mit anderen Worten: das Bildungsideal - Wie soll Bildung im Hinblick auf ein bestimmtes Ziel gestaltet werden und wie soll der gebildete Mensch am Ende des Bildungsprozess sein? (Vgl. Huppertz 2006:2) Bezogen auf den Kosmopolitismus lautet die Fragestellung folglich: Was zeichnet einen kosmopoliten Menschen aus und wie kann Erziehung und Bildung eine kosmopolitische Geisteshaltung fördern?

In der heutigen Diskussion um kosmopolitische Bildung wird häufig auf die Ideale der Antike und vor allem der Neuzeit, die auch oft als das Zeitalter des Weltbürgertums *par exellence* dargestellt wird, zurückgegriffen. So soll auch hier zunächst ein kurzer historischer Überblick gegeben werden. Denn natürlich hat sich ebenso wie die Idee des Kosmopolitismus in ihrer Entwicklungsgeschichte auch das dahinterstehende Bildungskonzept, verbunden mit dem vorherrschenden Menschen- und Weltbild, je nach Epoche verändert.

Es werden Konzepte zur kosmopolitischen Bildung bzw. Erziehung zum Weltbürgertum analysiert, diskutiert sowie konzeptualisiert, um die Ideen aus Antike und Neuzeit herauszuarbeiten, die für ein aktuelles Bildungskonzept in kosmopolitischer Absicht nach wie vor von Relevanz sind. Abschließend soll ein Bildungskonzept aufgestellt werden, das für die heutige Zeit gültig sein kann. Dabei soll gemäß eines emanzipatorischen Bildungsauftrages, vor allem das kritische und konstruktive Potenzial, das Bildung und Erziehung zur Gestaltung einer globalen Zivilgesellschaft einbringen können, fokussiert werden. Die Fragestellung, wie Menschen dazu befähigt werden können, an der globalen Gesellschaft aktiv und verantwortungsbewusst teilzuhaben und wie sie auf diese im Sinne des Leitbildes einer zukunftsfähigen, gerechten und partnerschaftlichen Entwicklung Einfluss nehmen können, ist dabei federführend. An dieser Stelle wird bereits deutlich, dass es für ein solches, an einer weltweiten Humanisierung der menschlichen Lebensverhältnisse orientierten Bildungskonzepts auf der Hand liegt, zum Beispiel die Ideen einer weltbürgerlichen Erziehung wie sie für den Beginn der neuzeitlichen Pädagogik elementar und charakteristisch waren, aufzugreifen, mit den gegenwärtigen Verhältnissen zu verknüpfen und weiterzuentwickeln.

6.1 Antike und neuzeitliche Bildungskonzepte

6.1.1 Kosmopolitische Bildung in der Antike

In der Antike gilt der Weise, gleichgesetzt mit dem Kosmopoliten, als ein Mensch, der die traditionelle Ordnung, die Sitten und Gesetze seiner *polis* bzw. *patria* überwindet, also sich durch seine lokalen Bindungen nicht einschränken lässt, weil er seiner Vernunft folgend handelt und so selbstbestimmt und unabhängig die Verantwortung für sein Leben im Kosmos übernimmt. Böhm beschreibt das Weltbild der antiken Griechen folgendermaßen: *„Den Griechen war der Gedanke eines Schöpfergottes gänzlich fremd, und sowohl die Frage nach dem Gewordensein als auch jene nach einer Umgestaltung des Kosmos lagen ihnen fern. Ihr Nachdenken richtet sich staunend auf den ewigen, unwandelbaren Kosmos und auf die in ihm wirkende Ordnung und Gesetzlichkeit; der Grieche forscht überall nach demjenigen Gesetz [Logos], welches in den Dingen selbst wirkt, und sucht das Leben und Denken des Menschen danach zu richten"* (Böhm 1995:25).

Besonders deutlich lässt sich der Selbstbestimmungs- und Freiheitsgedanke an der stoischen Bildungslehre illustrieren. Die

Notwendigkeit der Erziehung ergibt sich für die Stoa gemäß ihrer Tradition aus der Sorge um das eigene Heil. *„Sieh, du bist von keinem anderen Menschen aus der Bahn geworden als von dir selbst! Kämpfe mit dir selbst, reiße dich los zu einem anständigen Leben, zur Sittlichkeit, zur Freiheit!"* (Epiktet nach Ballauf 1969:160). Die stoische Freiheit besteht in der Möglichkeit des selbständigen Handelns. Frei in diesem Sinne ist nur der Mensch, der innerlich frei ist und nur das tut, was sein Logos wählt. *„Wahre Freiheit ist die Freiheit des Weisen. Er ist ja nur deshalb weise, weil er in seinem Denken, in seinem Reden und Tun nur den Logos walten lässt"* (Ballauf 1969:157f.).

Die Hinführung zum eigenen Logos erfolgt in einer endlosen Reflexivität auf die Reinheit und Echtheit dessen, was jeder in sich und an sich beobachtet. Dann geht es nicht mehr um Sein, Gedanken, Wissen und Maß, sondern um das individuelle Selbst. In seiner Vernunftgabe hat der Mensch die Kraft und die sittliche Aufgabe, an sich frei, unabhängig und vor allem selbstständig zu arbeiten. Um diese Freiheit erlangen zu können, muss der Kosmos zum Vaterland des Menschen erklärt werden. Denn nur im Kosmos herrscht Gerechtigkeit und allgemeine Menschenliebe bzw. Gleichheit aller Menschen vor, so dass der Einzelne nicht nur für sich selbst Verantwortung zu übernehmen hat, sondern auch für jeden anderen Menschen (Vgl. Ballauf 1969:133-168).

Das Ideal des antiken Weltbürgers stellt folglich eine tugendhaft lebende, vollständig unabhängige Person aufgrund weitgehender Bedürfnislosigkeit dar. Unwissenheit gilt neben Begierde oder Angst als Hindernis auf dem Weg zum Glück. Denn nur durch Wissen kann Tugend erst erlernt werden und dieses Bildungsziel wird wiederum nur über den Weg der Askese erreicht. Ausschließlich der Weise verfügt über das Mittel, seine Selbstbestimmung zu behaupten, denn nur er ist sich einer Schicksalsmacht bewusst, einer waltenden, göttlichen Gerechtigkeit in allen Dingen und einer vernunfthaften Ordnung, die das Geschehen regelt und richtet.

6.1.2 Grundlegende Ideen des neuzeitlich kosmopolitischen Bildungsprogramms

In der Neuzeit und Aufklärungsepoche gewinnt dagegen der Gedanke des von der Vernunft selbst geleiteten und von der göttlichen Allmacht emanzipierten Individuums und der Gleichheit aller Menschen an Bedeutung. War der antike Mensch in sein Schicksal verstrickt und hatte er sich als einen Spielball der Götter gesehen, so dominiert im 18.Jahrhundert, nachdem durch das Christentum bereits radikale und umstürzlerische Veränderungen des Weltbilds vollzogen worden sind, die Säkularisierung und die Selbsttätigkeit des Menschen, d.h. die aktive Teilnahme an der Gestaltung von Natur und Welt.

Das neuzeitliche Weltbild wird als anthropozentrisch[7] definiert. Diese Bezeichnung zeigt einen deutlichen Unterschied zum kosmozentrischen Weltbild der Antike und zum theozentrischen[8] des Christentums. Vor allem aber bringt diese Gegenüberstellung zum Ausdruck, dass mit dem Aufkommen der neuzeitlichen Wissenschaften Gott und eine transzendente Begründung der Welt mehr und mehr aus dem wissenschaftlichen Denken verdrängt wird. Der Mensch versteht und erfährt sich nun als aktiver Hervorbringer und Hersteller der Welt, sein Erkennen richtet sich auf die Dinge, die er selber gemacht hat. Die Welt wird ab jetzt nicht mehr als göttlich vorbestimmt oder im Sinne der Schöpfungsgeschichte, sondern als immanent und funktional verstanden (Vgl. Böhm 1995: 38-45).

Der Begriff Kosmopolitismus durchlebt eine Renaissance im 18.Jahrhundert. Als politisches Ideal wurde der Kosmopolitismus mit den Forderungen nach Toleranz und der Durchsetzung universal gültiger Menschenrechte verbunden, realpolitisch mit den Zielen der französischen Revolution, juristisch mit dem Konzept eines allgemeinen Völkerrechts und pädagogisch mit der Erziehung zur Menschfreundlichkeit (Philanthropie) und der ,Entdeckung der Kindheit' (Vgl. Heinz 2007:22).

---

[7] (griech.-nlat): Den Menschen in den Mittelpunkt der weltlichen Realität stellend.
[8] (griech.-nlat): Gott in den Mittelpunkt stellend.

Der Mensch wird als ein autonomes Individuum anerkannt. Er gilt als Vernunftwesen und als verantwortlicher Teil einer Gemeinschaft. Die Aufklärung interpretiert, wie bereits erwähnt, die Geschichte nicht mehr als Feld des göttlichen, sondern erkennt den handelnden Menschen als geschichtsmächtiges Subjekt. Dieses neu entstanden Menschenbild formt auch den Begriff der Bildung um. Waren die Bildungsziele zuvor durch Gott gegeben anerkannt, so sind sie nun bestimmt von der Notwendigkeit des Menschen in einer Gemeinschaft zu leben. Bildung kommt demzufolge der Auftrag zu, die ‚Rohmasse Mensch' so zu formen, dass er ein nützliches Mitglied der Gesellschaft werden kann.

Eine weitere Neuerung stellt die Annahme der universalen Bildsamkeit des Menschen dar. Die Vorstellung einer standesgemäßen Bildsamkeit wie sie in der Antike oder im Mittelalter vorlag, wird ersetzt durch jene, dass jede Person als bildsam erachtet wird. Jeder könne Gebrauch von der Fähigkeit zur Vernunft machen. Kant schreibt dazu in seiner Vorlesung über die Pädagogik: *„Es ist entzückend sich vorzustellen, dass die menschliche Natur immer besser durch Erziehung werde entwickelt werden, und dass man diese in eine Form bringen kann, die der Menschheit angemessen ist. Dies eröffnet uns den Prospekt zu einem künftigen glücklichen Menschengeschlechte"* (Kant 1922: 247).

Die Universalisierung des Bildungsverständnisses konstituiert gleichzeitig den weltbürgerlichen bzw. kosmopoliten Kerngedanken. Der Aufklärungspädagogik ging es in erster Linie um die Erziehung des allgemeinen Menschen, abstrahiert von ethischen oder regionalen, staatsbürgerlichen oder geschlechtlichen Attributen. Der sittliche Fortschritt der Menschheit als Ganzes wird als eine Bildungsaufgabe begriffen.

Kant sieht den weltbürgerlichen Zustand nicht wie in der christlichen Denkweise als Erfüllung des Schöpfungsplanes, sondern in der Natur des Menschen als Vernunftwesen begründet. Die Entfaltung dieses in der Natur des Menschen liegenden Fortschritts wird als erzieherische Aufgabe oder als Prozess der Selbstläuterung des Menschen begriffen. Dieser

Bildungsprozess erfüllt sich allerdings nicht allein in der Vervollkommnung des Individuums, sondern zielt gleichzeitig auf das ‚Ganze', auf den Fortschritt des gesamten Menschengattung und der Herstellung weltbürgerlicher Verhältnisse. Kant begreift Bildung als einen Prozess, der den Menschen im Ganzen und damit immer auch als moralisch-sittliches und soziales Wesen formen soll. Sein Auftrag *‚Sapere aude!'* soll mehr sein als eine generelle Ermunterung zur Erkenntnisfähigkeit. Er fordert ein anderes, ein neues Erkennen und Handeln, das sich loslöst von Vorurteilen und falschen Autoritäten und vor allem eine ständige kritische Auseinandersetzung mit den ‚Anderen' impliziert. Auf diese Weise soll jedoch nicht eine andere Sichtweise als die eigene erfassbar gemacht werden, vielmehr soll das Individuum so davor geschützt werden, seinen eigenen Standpunkt zu verabsolutieren. Bedeutend dabei ist die Fähigkeit, andere Sichtweise gerade in ihrer Andersheit zu respektieren.

Ein weiterer bedeutender Aspekt des weltbürgerlichen Selbstverständnisses wird an der Art und Weise wie Identität begriffen wird deutlich. Der aufgeklärte Mensch verfügt über die Fähigkeit, sich mit mehreren Gruppen zugleich zu identifizieren, also über seine ortsgebundene Zugehörigkeit hinaus weitere verschiedene Identitäten zu besitzen. So kann eine Vielzahl partikularer Loyalitäten als miteinander verträglich gedacht werden. Ein Mensch kann einer Religionsgemeinschaft angehören, gleichzeitig Eidgenosse und Staatsbürger, Familienvater und Ehegatte sein, doch was vor allem zählt, ist das Ganze, die Tatsache, dass er ein Mensch ist.

Dem universalistischen Bildungsverständnis der Neuzeit, das auf die Erschließung des Allgemeinen, des Universellen und des Abstrakten zielt, schließt sich ein didaktischer Umgang mit dem Fernen, Fremden und dem Unbekannten an. So interpretiert Hegel den Bildungsprozess als einen Prozess, der durch die Entfremdung und die Distanzierung von jeglicher Unmittelbarkeit hindurchführt. Bildung im Hegel'schen Sinn bedeutet, sich die Dinge vom Standpunkt eines anderen anschauen zu können, so dass das Bewusstsein im Durchgang durch das Fremde zur Reflexion kommt und den

Gegenstand so auf seinen abstrakten Begriff zu bringen mag. Bildung ereignet sich daher erst in der Auseinandersetzung mit dem Fremden, sie zielt auf die Universalisierung, die Transzendierung des eigenen Gedankenkreises, auf die Dezentrierung der eigenen Weltsicht, auf das Überschreiten des eigenen Horizonts (Vgl. Seitz 2002: 304-309).

6.2 Konzeptualisierungsvorschlag eines gegenwärtigen Bildungskonzeptes in kosmopolitischer Absicht

6.2.1 Bildungsziel und Bildungsverständnis

Um von vornherein möglichen und auch naheliegenden Missverständnissen vorzubeugen, sei gleich zu Beginn betont, dass die Forderung nach weltbürgerlicher bzw. kosmopolitischer Erziehung und Bildung heute nichts damit zu tun habe, einen ,neuen Menschen' zu fordern, der seine genetische Prägung als Kleingruppenwesen mühelos und nachhaltig überwinden, seine Nahbereichs-Identität beliebig transzendieren und nur noch eine einzige kollektive Identität als Weltbürger haben könnte oder sollte.

Vielmehr geht es darum, dass die heutige globalvernetzte Gesellschaft, deren Gang ebenso wenig vorherbestimmt ist wie die geschichtliche Zukunft, einen Menschen erfordert, der seine Zukunft nach selbst erdachten Entwürfen selbst gestalten will, der über eine offene und tolerante Einstellung gegenüber Fremden, Neuen und Anderen verfügt sowie ,das Ganze' in sein Denken und Handeln einbezieht. Dazu zählt nicht nur eine universalistische Moral wie sie Appiah fordert, sondern auch die Fähigkeit die eigene kulturelle Identität bzw. den eigenen Standpunkt zu reflektieren und kritisch hinterfragen zu können, sowie die Fähigkeit, das Nahe und das Ferne miteinander zu verbinden.

Beck ruft dazu auf, dass sich das Denken der Menschen ändern muss (Vgl. Beck 2004:52). Der Horizont des Nationalen muss verschoben oder besser: erweitert werden auf eine globale, ganzheitlich Ebene. Viele sozialwissenschaftliche Autoren gerade aus den Erziehungswissenschaften unterstreichen diese Forderung, indem sie kritisieren, dass vor allem Bildungskonzepte und das Bildungsverständnis heute nach wie vor territorial bzw. national beschränkt sei und die pädagogische Theoriebildung und Didaktik dringend einer Neuorientierung aufgrund der veränderten gesellschaftlichen Rahmenbedingungen bedürfe.

Für das aktuelle Bildungsverständnis in einem kosmopolitischen Sinn sei laut Kennedy in erster Linie zu beachten, dass *„Bildung im breiteren Sinne mehr [bedeutet] als die technische „Neuausrüstung" der Beschäftigten oder die Herausbildung akademischer Schichten oder selbst die Ermutigung einer Industriekultur in den Schulen und Universitäten, um eine produktive Basis zu schaffen. Sie impliziert auch ein tiefes Verständnis für die Gründe der Veränderungen in unserer Welt. Dieses Verständnis muss sich auf die Kenntnis anderer Völker und Kulturen erstrecken, auf deren Haltung zu jenen Veränderungen, auf das, was wir alle gemein haben, und auch auf das, was Kulturen, Klassen und Nationen entzweit. Da wir alle Mitglieder des Weltbürgertums sind, müssen wir uns mit einem ethischen System ausrüsten, mit Gerechtigkeitsgefühl und einem Empfinden für Verhältnismäßigkeit, wenn wir die verschiedenen Methoden betrachten, mit denen wir uns kollektiv oder individuell auf das 21. Jahrhundert vorbereiten"* (Kennedy 1996:432).

Besonders hervorzuheben ist, dass nicht nur ein Verständnis fremder moralischer Überzeugungen notwendig sei, sondern auch die Fähigkeit, diese in ihren moralischen Geltungsansprüchen akzeptieren zu können. Jedoch nicht nur für den problemlosen Fall, dass sie mit den Überzeugungen der eigenen moralischen Lebensform übereinstimmen, sondern vor allem für den konfliktären Fall, d.h. für den Fall, dass sie mit den eigenen Überzeugungen in einem radikalen Widerspruch stehen oder zumindest davon in entscheidender Weise abweichen. Auch hier ist abermals auf

Appiah zu verweisen, der bereits betonte, dass gerade Interaktionen mit Personen, die einen anderen Standpunkt vertreten, diejenigen sind, die als interessant, fruchtbar und horizonterweiternd zu betrachten sind.

Die Zielvorgabe einer kosmopoliten Bildung und Erziehung kann angelehnt an Mohrs folgendermaßen skizziert werden: Vermittlung der Fähigkeit, auf der Grundlage eines aufgeklärten, mündigen Bürgertums innerhalb einer Nahbereichs-Gemeinschaft zugleich aber auch in übergeordneten, komplexen, globalen Dimensionen zu denken und ein entsprechendes soziales, philantrophisches und tolerantes Verständnis und Bewusstsein auszubilden, um den Menschen zu befähigen, aktiv an der Gestaltung der Weltgesellschaft teilzuhaben (Vgl. Mohrs 2003:224).

6.2.2 Analyse

Die Parallelen zu den antiken und neuzeitlichen Vorstellungen liegen auf der Hand. Das klassische stoische kosmopolitische Ideal einer handlungsleitenden Beziehung des Einzelnen zu den Menschen der ganzen (globalisierten) Welt wird auch von Martha Nussbaum in ihrem Plädoyer zur kosmopolitischen Pädagogik aufgegriffen. In ihrem Essay „Patriotism and Cosmopolitanism" versucht sie in der immer wieder aufkommenden Diskussion um dieses Gegensatzpaar, die kosmopolitische Haltung als eine mögliche, wenn nicht sogar notwendige Alternative darzustellen, die darüber hinaus in der Lage ist, die grundlegenden Werte der Nation besser zu bewahren, als es der Nationalismus kann.

Dabei bezieht sie sich in ihren Überlegungen auf die stoische symbolische Vorstellung der konzentrischen Kreise der Zugehörigkeit, d.h. dass es, um ein Weltbürger zu sein, nicht notwendig sei, die lokalen Bindungen vollständig abzulösen, sondern, diese dadurch zu erweitern, indem weitere Personen, die sich symbolisch gesprochen auf äußeren Zugehörigkeitskreisen befinden, einbezogen werden. Das Ziel ist es, sich mit den äußeren Kreisen ebenso stark zu identifizieren wie mit den inneren und folglich abstrakte Mitmenschen ebenso zu behandeln wie Nachbarn. Mit anderen Worten geht es darum, eine räumliche Ferne in eine ethisch-moralische Nähe zu verwandeln.

Um dieses Ziel zu erreichen, ist eine kosmopolitische Bildung, die verdeutlicht, dass trotz unterschiedlicher Kulturen und Traditionen überall gemeinsame Werte und Ziele existieren, unentbehrlich. Ebenso wichtig ist es daher, der grundlegenden Annahme zu folgen, dass es ein universalistisches Minimum geben muss, welches als fundamentale Basis für interkulturelle Beziehungen dienen kann.

Dieser Gedanke der Empathie als kosmopolitische Methode des Einfühlens in den Anderen schlängelt sich wie ein roter Faden durch sämtliche kosmopolitische Ideenschriften von Marc Aurel bis hin zu Ulrich Beck. Die Anerziehung eines kosmopolitischen Blicks soll letzten Endes zu dem Ergebnis führen, dass die Menschheit in den all ihren pluralistischen Formen wiedererkannt wird, und dass der Einzelne sich selbst und seine kulturelle Identität durch die Augen des Anderen wahrnehmen kann.

Denn, um mit Nussbaum zu argumentieren, stellt dieser kosmopolitische Blick oder das ‚world thinking' eine notwendige Kompetenz für die Menschheit dar, um im Kontext einer globalisierten Welt, notwendige grenzüberschreitende Kooperationen zur Lösung der immer zahlreicher auftretenden grenzüberschreitenden Probleme zu finden (Vgl. Nussbaum 1996: 7-12).

Der emanzipatorische Bildungsauftrag des aufgeklärten, mündigen Bürgertums hat – ganz offensichtlich - seine Wurzeln in der Neuzeit. Der Mensch soll zu einem selbsttätigen Wesen erzogen werden. Im Fokus steht hier vor allem die Entfaltung des kritischen und konstruktiven Potenzials des Einzelnen. Anders als im 18.Jahrhundert kann heute jedoch nicht mehr davon ausgegangen werden, das unstreitbare Maximen der praktischen Vernunft in der Natur des Menschen, in der Bestimmung der Gattung an sich oder im Gang der Geschichte vorzufinden sind. Angesichts der Kontingenz und Pluralität der heutigen Moralsysteme, kann die praktische Vernunft im Kantischen Sinne nur noch als regulative Idee gedacht werden, *„als Leitbild eines unabschließbaren Prozesses, der seinen Antrieb aus dem ethischen Grundmotiv gewinnt, den Kontext der eigenen Wertevorstellungen stetig zu überschreiten und den moralischen Horizont auf die Einbeziehung der jeweils ‚Anderen' hin fortschreitend auszuweitern"* (Seitz 2002:44).

Ebenso wenig ist die Vorstellung der Herausbildung eines *Allgemeinen Menschenstaates*, wie es von Kant als das natürliche Entwicklungsziel gedacht wurde, auf die heutige Zeit anwendbar. Schon der Kosmopolitismus der Aufklärung hat die Bedeutung einer politischen, rechtlichen und moralischen Integration der Menschheit überschätzt und heute muss davon ausgegangen werden, dass die Weltgesellschaft bereits ohne aktive Partizipation der Menschen über die Globalisierung anderer Funktionssysteme wie beispielsweise der Wirtschaft oder auch der Wissenschaft auf den Weg gebracht worden ist. Eine zeitgemäße Konzeption von kosmopolitischer Bildung knüpft zwar an den Kosmopolitismus der Antike und der Neuzeit an, doch angesichts der gesellschaftlichen Lage, muss sie über die idealistischen Traditionen in vielerlei Hinsicht hinausführen.

6.2.3 Eckpfeiler eines aktuellen Bildungskonzeptes in kosmopolitischer Absicht

Natürlich liegt angesichts der Aktualität und hohen Präsenz des Themas Globalisierung eine Fülle an Lern- und Bildungskonzepten zum Weltbürger oder zum ‚Bürger der Zukunft' vor, und dass dieser als Bildungsziel für die heutige Bildung in lebenslanger Perspektive, vom Kindergarten bis zur Erwachsenenbildung, gilt, steht außer Frage. Im Kontext der vorliegenden Untersuchung soll allerdings ein eigenes Konzept aufgestellt werden, das den im vorangegangenen Kapitel aufgestellten Bildungszielen entspricht.

Ein Kosmopolit denkt und handelt nicht mehr am nationalen Horizont, sondern bezieht das „Globale" ein. Dabei spielt der Andere, der weit Entfernte, eventuell Abstrakte und dessen Sichtweise eine entscheidende Rolle. Bedeutend für die Gestaltung von Bildungsprogrammen sind daher die Verlagerung des Denk- und Handlungshorizontes sowie die Ganzheitlichkeit des Lernens. Zu diesem Aspekt ziehe ich Klaus Seitz heran, der sich damit in seinem umfassenden Programm zum Globalen Lernen unter anderem auseinandergesetzt hat.

Ein weiterer häufig genannter, bedeutender Punkt ist die Empathie als kosmopolitische Methode. Edgar Morin schreibt in seinem Werk „Die sieben Fundamente des Wissens für eine Erziehung der Zukunft" über die Ethik des Verstehens und die Wichtigkeit des gegenseitigen Verstehens für die Menschheit in der heutigen Zeit. Seine Gedanken darüber, was unter Verständnis zu erfassen ist und wie zu einem gegenseitigen Verständnis gelangt werden kann, stellen einen weiteren Eckpfeiler da.

Durch den hybriden und offenen Charakter von Kulturen und das Auflösen nicht nur von sichtbaren Grenzen haben sich auch die Beziehung und der Umgang mit dem Anderen bzw. Fremden verändert. Dazu soll Christoph Wulf erwähnt werden, da er die Problematik des Umgangs mit dem Anderen in der globalisierten Welt aus anthropologischer Perspektive kritisch betrachtet und einen Weg zum gewünschten Perspektivwechsel aufzeigt.

Die Entwicklung eines weltbürgerlichen Bewusstseins steht in Thomas Mohrs Arbeit im Mittelpunkt und um diese anzuregen, schlägt er vor, die Philosophie als didaktische Methode verstärkt in den Bildungsprozess einzubinden. Die Relevanz dieses Vorschlages soll diskutiert werden und so einen Zugang, in das Bildungskonzept finden.

6.2.3.1 Klaus Seitz und das Konzept des Globalen Lernens

In seiner Habilitationsschrift „Bildung in der Weltgesellschaft. Gesellschaftstheoretische Grundlagen Globalen Lernens" gibt Klaus Seitz eine pädagogische Antwort auf die Globalisierung und entwickelt das Konzept des Globalen Lernens, dessen Ziel darin besteht, Lernende zu befähigen, Globalität wahrzunehmen, sich selbst mit ihren Fähigkeiten und Möglichkeiten im Netz weitgespannter Wechselwirkungen zu verorten und individuelle sowie gesellschaftliche Lebensgestaltung an offenen und zu reflektierenden Wertvorstellungen zu orientieren. Globales Lernen setzt sich mit globalen Fragestellungen auseinander und versucht, die globale Dimension eines jeden Bildungsgegenstandes zu erschließen, um so eine globale Anschauungsweise durch Erziehung zu ermöglichen. Dabei wird das Globale Lernen als ein ganzheitliches und interdisziplinäres Lernkonzept verstanden, welches Zusammenhänge herstellt, verschiedene Wissensbereiche integriert und eine Lernkultur pflegt, die ein Ansprechen und Entfalten aller menschlichen Erfahrungsdimensionen zulässt. Globales Lernen nimmt einen globalen Bildungsauftrag wahr und strebt grenzüberschreitende Bildungskooperationen an, um so einen Beitrag zur Beförderung einer zukunftsfähigen Entwicklung der Gesellschaft leisten zu können.

Für das vorliegende Konzept ist insbesondere der Aspekt der Hinführung zu einem Denken und Handeln im Welthorizont interessant. Dieses soll als durchgängiges Lernprinzip realisiert werden. Seitz geht davon aus, dass sich eine internationale Perspektive und eine globale Anschauungsweise prinzipiell an jedem Lerngegenstand praktizieren lassen.

Das Ziel des Globalen Lernens soll es sein, Formen des Lernens und Denkens zu entwickeln, die es erlauben, lokale Gegebenheiten in ihrer Einbindung in einen globalen Kontext wahrzunehmen und die gleichzeitig dazu befähigen, das lokale Handeln in Einklang mit den globalen Erfordernissen zu bringen. Dafür ist der schon vielfach geforderte Blickwechsel notwendig.

Um zu einem differenzierten Verständnis der eigenen multikulturellen Lebenswirklichkeit zu erlangen, schlägt Seitz vor, die Weltbezüge der Lebenswirklichkeit zu entschlüsseln. Auf diese Weise werden diese auch als Ausgangspunkt des Prinzips einer globalen Anschauungsweise in der Erziehung sichtbar gemacht, und darüber hinaus, wird der Blick dafür geöffnet, dass die Begriffe Lebenswelt, Heimat und Identität, individuelle Lebens- und kollektive Entwicklungsperspektiven in der globalisierten Welt von heute gar nicht mehr anders als am Welthorizont gedacht werden können. Daran wird deutlich, dass es keiner neuen oder zusätzlichen Bildungsinhalte für das Globale Lernen bedarf, sondern lediglich eines anderen Blickwinkels, aus welchem diese erschlossen werden sollen.

Diese neue globale und multiversale Perspektive bezieht sich nicht nur auf eine Erweiterung räumlicher Kontexte (Globalität), sondern muss daneben auch noch eine soziale (Multiperspektivität) und eine zeitliche (Antizipation) Dimension enthalten. Es muss allerdings davon ausgegangen werden, dass die angestrebte globale Perspektive keinen Blickwinkel ausweisen kann, der standortunabhängig wäre. In der pädagogischen Programmatik ebenso wie im konkreten Bildungsprozess kann es deshalb nur darum gehen, zu lernen, den eigenen Horizont im Bewusstsein der eigenen Begrenztheit immer wieder zu überschreiten, die Gebundenheit und Partikularität der eigenen Weltsicht zu erkennen, und die Bereitschaft, anderen Anschauungsweisen gegenüber mit Achtung und Neugier zu begegnen. Eine vieldeutige komplexe Welt aus verschiedenen Perspektiven sehen zu lernen und mit entsprechenden Differenzerfahrungen konstruktiv umzugehen, steht im Mittelpunkt des Globalen Lernens.

Um die geforderte Ganzheitlichkeit des Lernens zu erreichen, ist eine handlungsorientierte Verknüpfung des Bildungsprozesses mit gesellschaftlichen Praxisfeldern von besonderem Gewicht. Die Kontextualität, die in den Konzepten zur interkulturellen Kompetenz als fehlend kritisiert wurde, darf dabei nicht übersehen werden und gilt als Fundament, um ein ganzheitliches Lernen zu gewährleisten.

Um dieser ganzheitlichen Absicht, die das Wahrnehmen, Fühlen, Denken, Urteilen und Handeln miteinander verbindet, zu folgen, muss durchgehend beachtet werden, dass sich die Komplexität der weltgesellschaftlichen Verhältnisse nicht nur in Situationen eines authentischen, an den Problemen der konkreten Lebenswelt orientierten Lernens ansetzt. Die Kompetenz zur Orientierung für ein kompetentes und verantwortungsvolles Handeln in der Weltgesellschaft kann demgemäß nicht mehr aus einer Hermeneutik des sozialen Nahbereichs gewonnen werden. Denn wie bereits von Beck postuliert, vollzieht sich der gesellschaftliche Wandel nicht nur vor den Augen, sondern vor allem hinter dem Rücken der Akteure. *„Und genauso wenig wie das Ansehen der Tagesschau bereits ein weltbürgerliches Bewusstsein hervorbringt, erschließt sich die Struktur des Kaffeehandelns bereits beim tiefen Blick in eine Kaffeetasse"* (Seitz 2002:383).

Daher ist es notwendig, aktivierendes Lernen im lokalen Umfeld mit der mentalen Bearbeitung abstrakter globaler Strukturen zu verknüpfen, also stets versucht sein, eine Ganzheitlichkeit zu erreichen. Diese angestrebte Ganzheitlichkeit von Lernprozessen sollte allerdings auch immer im Blick haben, dass diese in den verschiedenen psychischen Erfahrungsdimensionen nicht gleichförmig, sondern sehr unterschiedlich verlaufen. Daher ist nicht die Gleichförmigkeit oder Identität, sondern die Komplementarität kognitiver, emotiver, praktischer etc. Lernerfahrungen anzustreben (Vgl. Seitz 2002:381-386).

6.2.3.2 Edgar Morin. Die Ethik des Verstehens

Sich zu verstehen ist heute entscheidend für die Menschheit geworden und muss daher als Erziehungsziel gedacht werden. Es gibt zwei Arten von Verständnis: das intellektuelle Verstehen oder objektives Verständnis und das intersubjektive menschliche Verständnis. In dieser Hypothese lässt sich die eigentliche kosmopolitische Aufgabe der Erziehung wiederfinden: das Verständnis zwischen den Menschen als Bedingung und Garant für die intellektuelle und moralische Solidarität der Menschheit zu lehren.

Verstehen im Allgemeinen kann definiert werden als intellektuelles Zusammenfassen, beispielsweise einen Text in einen Kontext, die Teile in das Ganze oder das Vielfältige in das Eine. Die erste Art von Verstehen, das intellektuelle, erfolgt über die Intelligibilität (das verstandesmäßige Erfassen) und die Erklärung. Erklären bedeutet, all das zu berücksichtigen, was als Objekt wahrgenommen werden soll und alle objektiven Mittel des Erkennens darauf anzuwenden. Die Erklärung stellt dabei eine selbstverständliche Komponente für diesen Prozess dar. Das menschliche Verstehen übersteigt die Erklärung jedoch. Denn das menschliche Verständnis beinhaltet ein Erkennen von Subjekt zu Subjekt. Der andere wird nicht nur objektiv wahrgenommen, sondern als ein anderes Subjekt, mit dem eine Identifikation möglich ist. Aufgrunddessen schließt menschliches Verständnis immer einen Prozess der Empathie, der Identifikation und der Projektion ein, der besonders Offenheit, Sympathie und Großzügigkeit erfordert.

Morin exemplifiziert dieses sehr anschaulich *„So werde ich ein Kind, wenn ich es weinen sehe, nicht verstehen, wenn ich den Salzgehalt seiner Tränen messe, sondern wenn ich in mir meine kindlichen Ängste wiederfinde, ich es mit mir identifiziere und mich mit ihm"* (Morin 2001:117).

Die Ethik des Verstehens ist eine Lebenskunst, die zu allererst von dem Individuum verlangt, auf uneigennützige Art und Weise zu verstehen. Sie beansprucht eine große Anstrengung, denn sie kann keinerlei Gegenseitigkeit erwarten. Sie verlangt im Zweifelsfall sogar die Verständnislosigkeit zu verstehen. Anstatt andere vorschnell zu verurteilen, fordert sie zu argumentieren und zu widerlegen. *„Wenn wir zu verstehen wissen, bevor wir verdammen, werden wir auf dem Weg zur Humanisierung der menschlichen Beziehungen sein"* (Morin 2001:123).

Verständnis wird gefördert durch ‚gutes Denken'. Dieses umfasst die Art und Weise zu denken, die es zulässt, zusammen den Text und den Kontext, das Individuum und seine Umwelt, das Lokale und das Globale, das Multidimensionale, zusammengefasst, das Komplexe zu begreifen und so die Bedingungen des menschlichen Verhaltens zu verstehen. Dabei stellt die Introspektion einen wichtigen Aspekt dar. Denn nur eine kritische Selbstprüfung hilft, sich relativ zu sich selbst zu setzen und so den eigenen Egozentrismus zu erkennen und zu beurteilen.

Das Verstehen anderer bedarf eines Bewusstseins um die menschliche Komplexität, um Stigmatisierungen aufgrund von Teilmerkmalen zu verringern. Dazu gehören die subjektive (sympathische) Öffnung zu Anderen und die Verinnerlichung von Toleranz. Individuen sind offen für bestimmte Nahestehende, aber bleiben meist anderen gegenüber verschlossen. So lässt sich am Beispiel des Betrachtens von Filmen oder Lesens von Romanen, die die volle Entfaltung von Subjektivität durch Projektion und Identifikation begünstigen, zeigen, dass durchaus ein Sympathisieren und Verstehen mit denen möglich ist, die im Alltagsleben fremd und unsympathisch erscheinen.

Wahre Toleranz ist nicht zu verwechseln mit Gleichgültigkeit gegenüber Ideen oder einem allgemeinen Skeptizismus. Vielmehr setzt sie eine Überzeugung, einen Glauben oder eine ethische Wahl voraus und akzeptiert gleichzeitig, dass Überzeugungen, Vorstellungen oder Wahlentscheidungen, die im Gegensatz zu den eigenen stehen, zum Ausdruck gebracht werden. Zu beachten ist, dass die Toleranz natürlich nur für Ideen gelte und nicht für Beleidigungen, Aggression oder gar mörderische Taten.

Die Herausforderung der heutigen Zeit sieht Morin darin, die zwischenmenschliche Ethik des Verstehens mit der Ethik des planetarischen Zeitalters zu verbinden. Dies erfordert, das Verstehen zu globalisieren. Damit Verständnis zwischen den vielfältigen Denkstrukturen entstehen kann, muss über eine Metastruktur des Denkens gegangen werden, die die Ursachen der Verständnislosigkeit der Einen gegenüber den Anderen versteht und sie überwinden kann. Ein ‚planetarisches Verstehen' wie Morin es bezeichnet, ist ein Verstehen, das seinen Weg in alle Richtungen findet und dem ein gewisser Grad an Universalismus zugeschrieben werden kann (Vgl. Morin 2001: 115-129).

6.2.3.3 Christoph Wulf. Der Andere und die Notwendigkeit anthropologischer Reflexion

Der Umgang mit dem Anderen wurde bereits häufig erwähnt und gehört zu den Kernelementen einer kosmopolitischen Kompetenz. Die immer mehr Lebensbereiche durchwirkende Dynamik der Globalisierung führt allerdings dazu, dass es immer schwieriger wird, dem Anderen als dem Nicht-Identischen und Fremden zu begegnen, der für den Einzelnen und die Gemeinschaft eine konstitutive Funktion hat.

Um eine kritische Perspektive auf das Eigene und auch auf das Fremde zu entwickeln, kommt es darauf an, das Fremde im Eigenen und das Eigene im Fremden wahrzunehmen. Die Akzeptanz des Anderen erfordert im ersten Schritt Selbstüberwindung. Denn erst diese erlaubt die Erfahrung des Anderen. Die Fremdheit des Anderen erleben zu können, setzt die Bereitschaft voraus, auch den Anderen in sich selbst kennen lernen zu wollen. Die Komplexität des Verhältnisses zwischen dem Ich und dem Anderen als Annahme gilt als eine unerlässliche Voraussetzung für einen akzeptierenden Umgang mit dem Anderen.

Es muss davon ausgegangen werden, dass das Ich und der Andere sich nicht als zwei von einander abgeschlossene Entitäten gegenüber stehen, sondern dass der Andere bereits in vielfältigen Formungen in die Genese des Ichs eingeht. Dieser im Ich internalisierte Andere kann den Umgang mit dem Anderen nach außen verkomplizieren, denn aufgrund dieser Konstellation gibt es keinen fixen Standpunkt diesseits oder jenseits des Anderen. In vielen Ausprägungen des Ichs ist der Andere folglich schon enthalten, daher ist auch die Frage, wer der Andere ist und wie er gesehen wird, nicht nur abhängig vom Ich. Aufgrund der Tatsache, dass die Frage nach dem Anderen die Frage nach dem Eigenen und die Frage nach dem Eigenen die Frage nach Anderen beinhaltet, sind Prozesse der Verständigung zwischen dem Fremden und dem Eigenen auch immer Prozesse der Selbstthematisierung und somit der Selbstbildung.

So kann ein Bewusstsein, das Wulf als Nichtidentität des Individuums bezeichnet, gebildet werden. Diese Nichtidentität bildet eine wichtige Voraussetzung für die Offenheit gegenüber dem Anderen. In der Begegnung mit fremden, anderen Kulturen, mit dem Anderen in der eigenen Kultur und dem Fremden in der eigenen Person soll die Fähigkeit entwickelt werden, vom fremden bzw. anderen Blickwinkel aus wahrzunehmen und zu denken.

Durch diesen Perspektivwechsel soll ermöglicht werden, die Reduktion des Fremden auf das Eigene zu vermeiden und es soll auch versucht werden, sich zum Eigenen zu distanzieren und dieses vom Anderen aus zu sehen und zu erfahren. Wulf nennt diesen Perspektivwechsel ein heterologisches Denken (Vgl. Wulf 2002: 81-85).

6.2.3.4 Thomas Mohrs. Entwicklung eines weltbürgerlichen Bewusstseins

Thomas Mohrs verfolgt den utopischen Gedanken eines weltbürgerlichen Kommunitarismus und sieht die Ausbildung eines weltbürgerlichen Bewusstseins als notwendige Grundlage dafür. Zwar möchte ich den Gedanken der Weltdemokratie hier nicht weiterspinnen, doch ist es durchaus von großer Bedeutung für ein Bildungskonzept in kosmopolitischer Absicht, den Aspekt des weltbürgerlichen Bewusstseins und seiner Entwicklung aufzugreifen.

Für die Ausbildung eines solchen subjektiven weltbürgerlichen Bewusstseins sind besonders externe Einflüsse wie (vor allem die schulische) Bildung, Erziehung und Wertevermittlung von Bedeutung. Die Kantischen Einsicht, dass *„[der] Mensch...nur Mensch werden [kann] durch Erziehung"* (Kant 1922:228), verleiht der Herausforderung an die Pädagogik nochmals Nachdruck. „Mehr Philosophie wagen!" lautet Mohrs' Schlüssel zur entsprechenden Sensibilisierung und Bewusstseinsbildung und dieses auf allen Ebenen des Bildungssystems von den Grundschulen bis zu den Institutionen der Erwachsenenbildung. Und zwar deshalb, weil die Philosophie bzw. das Einüben philosophischen Denkens in besonderer Weise dazu geeignet ist, die Ausbildung einer komplexen und flexiblen Bewusstseinshaltung zu fördern und diese als Grundtatbestand in das eigene Weltbild zu integrieren.

Philosophie sei unter anderem die Kunst der Selbstreflexion bzw. *„die Kunst, einmal nicht ‚einfach so' zu handeln, wie ‚man' eben handelt, sondern sich aus dem ‚Strom' des Alltäglichen herauszunehmen, sich ‚daneben' zu stellen, über diesen ‚Strom' sowie sich selbst und sein Handeln in diesem ‚Strom' aus einer anderen Perspektive oder auch mehrperspektivisch zu reflektieren und sich ein eigenständiges Urteil zu bilden"* (Mohrs 2003:224).

Weitere Argumente für die Philosophie als Methode liegen in der Annahme, dass es zu den fundamentalen Erfahrungstatsachen der Auseinandersetzungen mit philosophischen Fragestellungen gehöre, dass es nirgendwo Eindeutiges, Unumstrittenes, Festes und Unwiderrufliches gebe, sodass umgekehrt das Umgehen mit und das Aushalten von Ungewissheit, Unsicherheit, Verschiedenheit und Nichtwissen, welches für die Individuen in der globalisierten, pluralistischen Welt unumgänglich ist, zur intellektuellen Grundausrüstung philosophisch denkender Menschen zählt. Nicht zuletzt gilt die Philosophie auch als Kunst, auf den ersten Blick heterogene Sachverhalte, vor allem komplexe Beziehungen, in ihrer interdependenten Vernetztheit wahrzunehmen und zu lernen, Antworten nicht nur nach einem ‚Schwarz-Weiß-Prinzip', sondern in einem kritisch konstruktiven Querdenken zu suchen. Eine Mehrperspektivität zu erreichen, ist folglich das Ziel (Vgl. Mohrs 2003: 224f.).

Im Hinblick auf Fragen und Probleme des globalen Verstehens ist diese von besonderer Bedeutung mit dem Verweis darauf, dass *„das Verstehen als andauernder Prozess gesehen werden [muss], der nicht willkürlich ... von einer Seite fixiert, abgebrochen oder aus dem Kontext gerissen werden sollte"* (Fretlöh-Thomas zitiert nach Mohrs 2007:2). Zugleich heißt dies auch, dass es in dem immerwährenden globalen Verstehensprozess keinen Stillstand geben kann, somit auch kein endgültiges Abkommen oder definitives Wissen über die Auswirkungen von gegenwärtigen Handlungen, was wiederum der oben skizzierten Fähigkeit des Aushaltens bedarf, das durch philosophisches Denken systematisch trainiert und kultiviert werden kann.

Seit den Zeiten der Vorsokratiker beginne die Philosophie mit dem Staunen und so sei als didaktische Grundform das Infragestellen des Selbstverständlichen, des Üblichen und des Gewohnten zu nennen. Denn Philosophie soll hier auf keinen Fall als *„weltentrückter akademischer Denksport"* (Mohrs 2003:226) verstanden werden, sondern im Gegenteil als Lebenspraktisches.

6.3 Zusammenfassung

Kosmopolitische Bildung heute ist bestimmt von dem handlungsleitenden Prinzip der Anerkennung der Andersheit des Anderen und dem Leitbild der ethnischen Verantwortung. Die globalisierte Gegenwart fordert Toleranz und Reflexion. An Appiah angeknüpft, liegt die Herausforderung der heutigen Zeit darin, die lokalen Partikularitäten zu achten und zu wertschätzen ohne sie mit dem Diskurs um Nationalismus und Kosmopolitismus und der Annahme von Universalitäten ‚wegzuglobalisieren' oder gegenseitig anzupassen. Die kosmopolitische Sichtweise beinhaltet, das Lokale mit dem Globalen zu verbinden – also sowohl die Universalität als auch die Unterschiede der globalen Gesellschaft zu schätzen.

Globales Lernen und weltbürgerliche bzw. kosmopolitische Erziehung zielen auf die Entfaltung einer Persönlichkeit, die wie Diogenes (Vgl. Kapitel 4), von sich sagen kann: „Ich bin ein Bürger der Welt". Um Zusammenhänge zwischen lokalen, regionalen und globalen Tatsachen zu erkennen und mit der Komplexität der globalisierten Realität umgehen zu können, muss als erstes in das Denken und später auch das Handeln der Individuen die globale Ebene integriert werden. Aus dem theoretischen Programm zum Globalen Lernen von Klaus Seitz ist daher der Vorschlag, stets eine globale Anschauungsweise an den Lerngegenständen zu praktizieren und so den Kontext vom Lokalen auf das Globale zu verschieben, als notwendiger Aspekt eines kosmopolitischen Bildungskonzept zu sehen. Nur so können die Individuen ein Bewusstsein für die Auswirkungen ihrer Handlungen entwickeln, Einsicht in die globalen Zusammenhänge gewinnen und lernen für ihr Handeln Verantwortung zu übernehmen.

Um dem handlungsleitenden Prinzip der Anerkennung der Andersheit gerecht zu werden, ist es notwendig, die zwischenmenschliche Ethik zu einer globalen Ethik zu erweitern. Die Aufforderung zur Introspektion wie sie sowohl von Edgar Morin als auch von Christoph Wulf formuliert wird, ist unabdingbar für die Entwicklung von Toleranz und letztendlich auch für die Fähigkeit, Andersheit anzuerkennen. Erst wenn sich der Mensch seiner

Selbst und seines Standpunktes in der Welt bewusst ist, kann der Andere als anders wahrgenommen werden. Ein Kosmopolit versucht, dieses Anderssein nicht zu verschleiern, aber auch nicht es zu stilisieren. Dabei spielen Macht oder Hierarchie keine Rolle. Kosmopolitismus ist keine erhabene Fähigkeit, sondern konstituiert sich in dem einfachen Gedanken, Formen des friedlichen Zusammenlebens mit Anderen zu entwickeln. Um diese kosmopolitische Metastruktur des Denkens zu entwickeln, sind grundlegende Selbstbildungsprozesse notwendig.

Ein kosmopolitisches Bildungskonzept muss im Anschluss an die zitierten Autoren vor allem die Philosophie als Kunst der Selbstreflexion und des Querdenkens (Vgl. Mohrs, Kapitel 7.2.3.4) beinhalten. Um in der globalisierten und hochkomplexen Realität verantwortungsvoll sein Leben gestalten zu können, muss der Mensch fähig sein, Tatsachen, Handlungen, Meinungen etc. kritisch zu hinterfragen und Zusammenhänge zwischen diesen entschlüsseln oder herstellen zu können.

Kosmopolitische Erziehung ist allerdings in einem minimalen Sinne zu verstehen. Im Hinblick auf die Erfolgsaussichten gezielter und geplanter Prozesse einer weltbürgerlichen Bewusstseinsbildung ist stets zu reflektieren, dass sich grundsätzlich trotz aller Notwendigkeiten von Bildungsplänen Bildung nicht hundertprozentig planen lässt, und dass ein wesentliches Merkmal von Zukunft Überraschung sein wird. Wie bereits in der Einleitung angekündigt, ist es zudem nicht zu erwarten, dass es zu der Ausbildung einer starken kollektiven Identität auf globaler Ebene komme könnte. Dieses ist mit der simplen Erklärung begründbar, dass der Mensch dazu natürlich nicht ausgestattet ist und weiterhin intellektuell also (noch) nicht ausreichend gebildet gilt.

Kosmopolitische Bildung ist daher realistischer Weise als eine umfassende pädagogische, politische und auch ethische Aufgabe zu betrachten.

Fazit

Erklärtes Ziel dieser Studie war es, die Begriffe „interkulturelle Kompetenz" und „Kosmopolitismus" inhaltlich darzustellen, zu analysieren und zu überprüfen, inwiefern sie in Bildungskonzepte integrierbar sind.

Die erste Herausforderung bestand darin grundlegende Aspekte zur Annährung an die interkulturelle Kompetenz wie beispielsweise den Kulturbegriff, zu definieren bzw. seine Grenzen aufzuzeigen. Festgestellt wurde dabei, dass sowohl für den Kulturbegriff als auch für den Kompetenzbegriff nach wie vor eine feststehende Definition fehlt. Daraus resultiert, dass es sich bei interkultureller Kompetenz ebenfalls um ein unbestimmtes Phänomen handelt, was eine große Angriffsfläche für Kritiker bietet und gleichzeitig die Suche nach Antworten auf die Fragen nach der Anwendbarkeit in der Praxis bzw. nach Herausforderungen an die Pädagogik erschwert.

Die Erkenntnis, dass interkulturelle Kompetenz immer kulturabhängig ist, macht es nahezu unmöglich, eine einheitliche Definition zu formulieren. Trotzdem gibt es einen unüberschaubaren ‚Bildungsmarkt Interkulturalität', dessen Angebote unterschiedliche Adressaten mit unterschiedlich ausgerichteten Zielen und Inhalten erreichen wollen, und eine ebenso unüberschaubare Menge an Publikationen zur Interkulturalität nicht nur trivialwissenschaftlicher Art. Interkulturelle Kompetenz stellt daher nicht nur eine Herausforderung an die Pädagogik dar, sondern aufgrund ihrer Komplexität auch an weitere Disziplinen von der Fremdsprachenvermittlung bis zur Politologie.

Die eigentliche Herausforderung liegt darin, den Begriff zu überdenken und zu erneuern. Denn, um wirklich fruchtbar mit interkultureller Kompetenz umzugehen zu können, bedarf es einerseits eine Erweiterung von Teilaspekten, und andererseits eine Reduzierung der Stilisierung des Teilaspekts „Kultur" und „Alterität", da das Konzept noch immer von der Gegenüberstellung des „Wir" versus „die Anderen" geprägt ist. Hier dominiert die Sorge, dass interkultureller Kontakt nicht zu Veränderungen führe, sondern vielmehr dazu, mit sich selbst und seiner kulturellen Herkunft identisch zu bleiben. Damit wird die Chance auf Entwicklung geleugnet und verstellt. Weiterhin müsste z.B. die in den erläuterten Definitionsmodellen genannte kognitive Dimension aufgebrochen werden, um nicht zu einer länder- bzw. kulturspezifischen Komponente zu werden.

Der Kosmopolitismus dagegen ist als eine Geisteshaltung zu bezeichnen, die sich durch die Dialektik von Universalität und Unterschied darstellen lässt. Der Begriff kann auf eine lange historische Tradition zurückblicken und zeigt, dass antike und neuzeitliche Aspekte nach wie vor aktuell sind. Im Gegensatz zur interkulturellen Kompetenz, die immer kontextabhängig ist, ist die Idee des Kosmopolitismus universell angelegt. Des Weiteren verfolgt der Kosmopolitismus klare Ziele. Zum Einen geht es ähnlich wie bei der interkulturellen Kompetenz um die Anerkennung der Andersheit des Anderen, zum Anderen soll das kritische und konstruktive Potenzial des Menschen angeregt werden und ihn auf diese Weise, zur aktiven Gestaltung und Teilnahme an der globalen Gesellschaft zu befähigen. Der Mensch soll also nicht nur Kompetenzen entwickeln, um in der globalisierten Welt zurechtzukommen, sondern auch fähig sein, an ihrem Entwicklungsprozess mitzuwirken und Verantwortung dafür zu übernehmen.

Angesichts der gegenwärtigen gesellschaftlichen Entwicklungen müssen sich Erziehung und Bildung verstärkt der Aufgabe stellen, Menschen dabei zu unterstützen, die durch die Ausweitung des Wissens entstehenden Ansprüche eigenverantwortlich zu handhaben und durch Wissen, Versuch und Erfahrung ihre persönlichen Fähigkeiten zu entfalten sowie mit der gestiegenen Komplexität des Lebens und der Lebensführung umgehen zu können. Durch die aufgezeigten Grenzen des Konzepts interkultureller

Kompetenz plädiere ich für eine stärkere Implementierung der kosmopolitischen Idee in die Bildungssysteme.

Ein Bildungskonzept, das sich die Komplexität und Widersprüchlichkeit der globalisierten Gesellschaft zum Gegenstand macht und für einen pluralistischen Zugang eintritt, ist notwendiger Weise von derselben Pluralität geprägt. Das in diesem Buch konstruierte Bildungskonzept in kosmopolitischer Absicht habe ich daher als einen Vorschlag bezeichnet, da es sicherlich noch um viele weitere Aspekte erweitert werden könnte. Jedoch sollte deutlich werden, dass als Methode nur ein ganzheitliches, interdisziplinäres und handlungsorientiertes Lernen in Frage kommt.

Abschließen möchte ich mit Appiah, der Kosmopolitismus als ein Abenteuer und ein Ideal bezeichnet und nicht als den Namen für die Lösung aller Probleme, sondern als eine Herausforderung. Eine Herausforderung, der sich meiner Meinung nach die Pädagogik annehmen sollte.

Literaturverzeichnis

Albrecht, Andrea (2005): Kosmopolitismus. Weltbürgerdiskurse in Literatur, Philosophie und Publizistik um 1800. Berlin/New York.

Anderson, Lee (1979): Schooling and Citizenship in a Global Age: An Exploration of the Meaning and Significance of Global Education. Bloomington.

Andresen, Sabine/Casale, Rita/Gabriel, Thomas/Horlacher, Rebekka/Larcher Klee, Sabina und Oelkers, Jürgen (2009) (Hrsg.): Handwörterbuch Erziehungswissenschaften. Weinheim/Basel.

Antor, Heinz (2007): Inter-, multi- und transkulturelle Kompetenz: Bildungsfaktor im Zeitalter der Globalisierung. In: Antor, Heinz (Hrsg.): Fremde Kulturen verstehen – fremde Kulturen lehren: Theorie und Praxis der Vermittlung interkultureller Kompetenz. Heidelberg. S.111-126.

Antor, Heinz (Hrsg.)(2007): Fremde Kulturen verstehen - fremde Kulturen lehren: Theorie und Praxis der Vermittlung interkultureller Kompetenz. Heidelberg.

Apelt, Otto (1891): Die Idee der allgemeinen Menschenwürde und der Kosmopolitismus im Altertum. Leipzig.

Appiah, Kwame Anthony (2007): Der Kosmopolit. Philosophie des Weltbürgertums. München.

Auernheimer, Georg (2002)(Hrsg.): Interkulturelle Kompetenz und pädagogische Professionalität. Opladen.

Auernheimer, Georg (2007): Einführung in die interkulturelle Pädagogik. Darmstadt.

Aurel, Marc (1984): Wege zu sich selbst. Griechisch und Deutsch. Herausgegeben und übertragen von Willy Theiler. Darmstadt.

Ballauf, Theodor (1969): Pädagogik. Eine Geschichte der Bildung und Erziehung. Band 1. Von der Antike bis zum Humanismus. Freiburg/München. S. 133-168.

Beelmann, Andreas/Jonas, Kai J. (2009)(Hrsg.): Diskriminierung und Toleranz. Psychologische Grundlagen und Anwendungsgebiete. Wiesbaden.

Beck, Ulrich/ Giddens, Anthony/ Lash, Scott (1996): Reflexive Modernisierung. Eine Kontroverse. Frankfurt am Main.

Beck, Ulrich (2004): Der kosmopolitische Blick oder: Krieg ist Frieden. Frankfurt am Main.

Beck, Ulrich/Grande, Edgar (2004): Das kosmopolitische Europa. Gesellschaft und Politik in der Zweiten Moderne. Frankfurt am Main.

Benhabib, Seyla (2009): Kosmopolitismus und Demokratie: Von Kant zu Habermas. In: Blätter für deutsche und internationale Politik 6/2009. S.65-74.

Bennett, Milton J.D. (1986): A Developmental Approach to Training for Intercultural Sensitivity. In: International Journal of Intercultural Relations, Vol. 10, S.179-196.

Bennett, Milton J.D. (2001): Developing Intercultural Competence for Global Leadership. In: Fussinger, Christine/Reinecke, Rolf-Dieter (Hrsg.): Interkulturelles Management. Konzeption – Beratung – Training. Wiesbaden. S.206-226.

Berninghausen, Jutta/Künzer, Vera (2007)(Hrsg.): Wirtschaft als interkulturelle Herausforderung. Frankfurt am Main.

Bittner, Andreas/Reisch, Bernhard (Hrsg.) (1994): Interkulturelles Personalmanagement. Internationale Personalentwicklung, Auslandsentsendungen, interkulturelles Training. Wiesbaden.

Blankertz, Herwig (1984): Kants Idee des Ewigen Friedens und andere Vorträge. Wetzlar.

Böhm, Winfried (1995): Theorie und Praxis. Eine Einführung in das pädagogische Grundproblem. Würzburg.

Bolten, Jürgen/Schröter, Daniela (2001): Im Netzwerk interkulturellen Handelns. Theoretische und praktische Perspektive der interkulturellen Kommunikationsforschung. Sternenfels.

Bolten, Jürgen (2007a): Interkulturelle Kompetenz. Erfurt.

Bolten, Jürgen (2007b): Was heißt interkulturelle Kompetenz? Perspektiven für die internationale Personalentwicklung. In: Berninghausen, Jutte/Künzer, Vera (Hrsg.): Wirtschaft als interkulturelle Herausforderung. Frankfurt am Main. S. 21-42.

Brown, Eric/Kleingeld, Pauline (2006): Cosmopolitanism. In: Standford Encyclopedia of Philosophy http://plato.stanford.edu/entries/cosmopolitanism/ (zuletzt gesichtet am 29.05.2009).

Bukow, Wolf-Dietrich (2007): Vom interkulturellen Lernen zum lebenspraktischen Umgang mit Differenz. In: Antor, Heinz (Hrsg.): Fremde Kulturen verstehen – fremde Kulturen lehren. Theorie und Praxis der Vermittlung interkultureller Kompetenz. Heidelberg. S.91-110.

Byron, Jason/Holcomb, Halmond (2005): Sociobiology. In: Standford Encyclopedia of Philosophy. http://plato.stanford.edu/entries/sociobiology/ (zuletzt gesichtet am 11.12.2009).

Castro Varela, Maria (2002): Interkulturelle Kompetenz – ein Diskurs in der Krise. In: Auernheimer, Georg (Hrsg.): Interkulturelle Kompetenz und pädagogische Professionalität. Opladen. S.35-48.

Cicero, Marcus Tullius (1993): Der Staat. Lateinisch und Deutsch. Herausgegeben und übersetzt von Karl Büchner. München.

Cohen, Joshua (1996) (Hrsg.): For Love of Country. Debating the Limits of Patriotism. Martha C. Nussbaum with Respondents. Boston.

Dannenreuther, Roland/Hutchings, Kimberly (Hrsg.) (1999): Cosmopolitan Citizenship. Houndmills, Basingstoke, Hampshire [u.a.].

Deardorff, Darla K. (2006): Interkulturelle Kompetenz – Schlüsselkompetenz des 21. Jahrhunderts? Thesenpapier der Bertelsmannstiftung auf der Basis der Interkulturellen-Kompetenz-Modelle von Dr. Karla K. Deardorff. Bertelsmann Stiftung. http://www.bertelsmannstiftung.de/bst/de/media/ xcms_bst_dms_17145_17146_2.pdf (zuletzt gesichtet am 10.06.2009).

Demorgon, Jacques/Kordes, Hagen (2006): Multikultur, Transkultur, Leitkultur, Interkultur. In: Kordes, Hagen/Müller, Burkhard/ Nicklas, Hans (Hrsg.): Interkulturell denken und handeln. Theoretische Grundlagen und gesellschaftliche Praxis. Bonn. S.27-36.

Frost, Ursula (2007): Vom Befreunden des Fremden: Pädagogische Überlegungen zum Anspruch interkulturellen Verstehens. In: Antor, Heinz (Hrsg.): Fremde Kulturen verstehen - fremde Kulturen lehren: Theorie und Praxis der Vermittlung interkultureller Kompetenz. Heidelberg. S.59-69.

Fussinger, Christine/Reinecke, Rolf-Dieter (2001)(Hrsg.): Interkulturelles Management. Konzeption – Beratung – Training. Wiesbaden.

Geertz, Clifford (1983): Dichte Beschreibung. Beiträge zum Verstehen kultureller Systeme. Frankfurt am Main.

Geige, Klaus F. (2003): Identitätshermeneutik – ein verlässlicher Ratgeber? In: Erwägen, Wissen, Ethik. Jg.14/2003, Heft 1, S.172-174.

Gelbrich, Katja/Müller, Stefan (2004): Interkulturelles Marketing. München.

Graber, Klaus/Wismann, Heinz (1996)(Hrsg.): Europäische Sozietätsbewegung und demokratische Tradition. Die europäischen Akademien der Frühen Neuzeit zwischen Frührenaissance und Spätaufklärung. Band 2. Tübingen.

Gründer, Karlfried/Ritter Joachim (1976)(Hrsg.): Historisches Wörterbuch der Philosophie. Band 4. Basel.

Heater, Derek (2002): World Citizenship. Cosmopolitan Thinking and Its Opponents. London.

Heckhausen, H. (1976): Kompetenz. In: Gründer, Karlfried/Ritter Joachim (Hrsg.)(1976): Historisches Wörterbuch der Philosophie. Band 4. Basel. S. 922f.

Heinz, Jutta (2007): Wo ist der Weise zu Hause? Der Philosoph als Kosmopolit. In: Der blaue Reiter. Journal für Philosophie. Ausgabe 23. S. 19-23.

Heinz, Jutta (2008): Wieland Handbuch. Leben – Werk – Wirkung. Stuttgart.

Höffe, Otfried (Hrsg.)(1995): Immanuel Kant. Zum ewigen Frieden. Berlin.

Hofman, Gunter (2007): Gott und andere Geister. In: Die Zeit. Nr.46, 08.11.2007

Horn, Anette und Peter (2008): Das Wissen der Weltbürger. Oberhausen.

Horstmann, A. (1976): Kosmopolit, Kosmopolitismus. In: Gründer, Karlfried/Ritter Joachim (Hrsg.): Historisches Wörterbuch der Philosophie. Band 4. Basel. S.1155-1167.

Huppertz, Norbert (2006): Auf den Anfang kommt es an. Ein Plädoyer für europäische Identität und Weltbürgerlichkeit. In: PH-FR Zeitschrift der Pädagogischen Hochschule Freiburg 2006/1. S.2-4.

Jonas, Kai J./Woltin, Karl-Andrew (2009): Interkulturelle Kompetenz – Begriffe, Methoden und Trainingseffekte. In: Beelmann, Andreas/Jonas, Kai J. (Hrsg.): Diskriminierung und Toleranz. Psychologische Grundlagen und Anwendungsgebiete. Wiesbaden. S. 463-487.

Kant, Immanuel (Hrsg. Schöndörffer, Otto)(1922): Immanuel Kants Werke. Band 8. Anthropologie. Berlin.

Kant, Immanuel (1922): Vorlesungen Kants über Pädagogik. In: Kant, Immanuel (Hrsg. Schöndörffer, Otto): Immanuel Kants Werke. Band 8. Anthropologie. Berlin. S. 219-337.

Kant, Immanuel (1949): Idee einer allgemeinen Geschichte in weltbürgerlicher Absicht. Göttingen-Hamburg.

Kant, Immanuel (2008): Zum ewigen Frieden. Ein philosophischer Entwurf. Stuttgart.

Katsigiannopoulos, Evangelos (1979): Grundlagen des Kosmopolitismus der Stoa. Mainz.

Kennedy, Paul (1996): In Vorbereitung auf das 21. Jahrhundert. Frankfurt am Main.

Knapp-Potthoff, Annelie (1997): Interkulturelle Kommunikationsfähigkeit als Lernziel. In: Knapp-Potthoff, Annelie/ Liedke, Martina (Hrsg.): Aspekte interkultureller Kommunikationsfähigkeit. München. S. 181-205.

Knapp-Potthoff, Annelie/ Liedke, Martina (1997)(Hrsg.): Aspekte interkultureller Kommunikationsfähigkeit. München.

Köhler, Benedikt (2006): Soziologie des Neuen Kosmopolitismus. Wiesbaden.

Kordes, Hagen/Müller, Burkhard/ Nicklas, Hans (2006)(Hrsg.): Interkulturell denken und handeln. Theoretische Grundlagen und gesellschaftliche Praxis. Bonn.

Maag Merki, Katharina (2009): Kompetenz. In: Andresen, Sabine/ Casale, Rita/ Gabriel, Thomas/ Horlacher, Rebekka/ Larcher Klee, Sabina und Oelkers, Jürgen (Hrsg): Handwörterbuch Erziehungswissenschaften. Weinheim/Basel. S.492-506.

Maletzke, Gerhard (1996): Interkulturelle Kommunikation. Zur Interaktion zwischen Menschen verschiedener Kulturen. Opladen.

Manger, Klaus (1996): Wielands Kosmopoliten. In: Graber, Klaus/Wismann, Heinz (Hrsg.): Europäische Sozietätsbewegung und demokratische Tradition. Die europäischen Akademien der Frühen Neuzeit zwischen Frührenaissance und Spätaufklärung. Band 2. Tübingen. S. 1637-1667.

McCarthy, John A. (2008): Das Geheimnis des Kosmopolitnordens. In: Heinz, Jutta (Hrsg.): Wieland Handbuch. Leben – Werk – Wirkung. Stuttgart. S. 368-371.

Mecheril, Paul (2002): „Kompetenzlosigkeitskompetenz". Pädagogisches Handeln unter Einwanderungsbedingungen. In: Auernheimer, Georg (Hrsg.):Interkulturelle Kompetenz und pädagogische Professionalität. Opladen. S. 15-34.

Mohrs, Thomas (2003): Weltbürgerlicher Kommunitarimus. Zeitgeistkonträre Anregungen zu einer konkreten Utopie. Würzburg.

Mohrs, Thomas (2007): Mehr Philosophie wagen! Ein zeitgeistkonträrer Aufruf aus der Passauer Bildungswüst. http://forum-kritische-paedagogik.de/start/download.php?view.193 (zuletzt gesichtet am 08.12.2009)

Morin, Edgar (2001): Die sieben Fundamente des Wissens für eine Erziehung der Zukunft. Hamburg.

Nida-Rümelin, Julian (2006): Zur Philosophie des Kosmopolitismus. In: Zeitschrift für Internationale Beziehungen. 13.Jg., Heft 2, S. 227-234.

Nussbaum, Martha (1996): Patriotism and Cosmopolitanism. In: Cohen, Joshua (Hrsg.): For Love of Country. Debating the Limits of Patriotism. Martha C. Nussbaum with Respondents. Boston. S. 2-17.

Pan, Yaling (2008): Interkulturelle Kompetenz als Prozess. Modell und Konzept für das Germanistikstudium in China aufgrund einer empirischen Untersuchung. Sternenfels.

Popkewitz, Thomas S. (2008): Cosmopolitanism and the age of school reform: science, education, and making society by making the child. New York.

Rathje, Stefanie (2006): Interkulturelle Kompetenz – Zustand und Zukunft eines umstrittenen Konzepts. In: Zeitschrift für interkulturellen Fremdsprachenunterricht.http://spz1.spz.tudarmstadt.de/projekt_ejournal/jg-11-3/docs/Rathje.pdf (zuletzt gesichtet am 12.10.2009).

Röd, Wolfgang (2000): Der Weg der Philosophie. Von den Anfängen bis ins 20. Jahrhundert. Band 1. Altertum, Mittelalter, Renaissance. München.

Schenk, Eberhard (2001): Interkulturelle Kompetenz. In: Bolten, Jürgen/Schröter, Daniela (Hrsg.): Im Netzwerk interkulturellen Handelns. Theoretische und praktische Überlegungen der interkulturellen Kommunikationsforschung. Sternenfels. S.52-61.

Schipper, Katharina (2007): Interkulturelles Management. Berlin.

Seitz, Klaus (2002): Bildung in der Weltgesellschaft. Gesellschaftstheoretische Grundlagen Globalen Lernens. Frankfurt am Main.

Stadler, Peter (1994): Globales und interkulturelles Lernen in Verbindung mit Auslandsaufenthalten. Ein Bildungskonzept. Saarbrücken.

Straub, Jürgen/Weidemann, Arne/Weidemann, Doris (2007): Handbuch interkultureller Kommunikation und Kompetenz. Grundbegriffe – Theorien – Anwendungsfelder. Stuttgart/Weimar.

Stüdlein, Yvonne (1997): Kulturelle Perspektive internationaler strategischer Allianzen – Phasenkonzept zum Management von Kulturunterschieden. Wiesbaden.

Thomas, Alexander (Hrsg.)(1993): Kulturvergleichende Psychologie. Eine Einführung. Göttingen.

Thomas, Alexander (Hrsg.)(1996): Psychologie interkulturellen Handelns. Göttingen,

Thomas, Alexander (2003): Interkulturelle Kompetenz – Grundlagen, Probleme und Konzepte. In: Erwägen, Wissen, Ethik. Jg.14/2003, Heft 1, S.137-156.

Thomas, Alexander (2005): Grundlagen der interkulturellen Psychologie. Nordhausen.

Vorländer, Karl (1919): Geschichte der Philosophie. Band 1. Leipzig.

Wang, Yan (2008): Interkulturelle Kompetenz als Erfolgsfaktor für Management in China. Hamburg.

Welsch, Wolfgang (1995): Transkulturalität. In: Institut für Auslandsbeziehungen (Hrsg.): Migration und kultureller Wandel, Schwerpunktthema der Zeitschrift für Kulturaustausch, 45. Jg., Stuttgart. http://www.forum-interkultur.net/uploads/tx_textdb/28.pdf (zuletzt gesichtet am 13.11.2009).

Wieland, Christoph Martin (1782): Antworten und Gegenfragen auf einige Zweifel und Anfragen eines neugierigen Weltbürgers. In: Der Teutsche Merkur. 2. Viertelj. 1783. S. 229-245. http://www.ub.uni-bielefeld.de/cgibin/neubutton.cgi?pfad=/diglib/aufkl/teutmerk/065832&seite=0 0000244.TIF (zuletzt gesichtet am 24.06.2009).

Wieland, Christoph Martin (1797): Sämmtliche Werke. Band 19. Geschichte der Abderiten. Erster Theil. Leipzig.

Windelband, Wilhelm (1980): Lehrbuch der Geschichte der Philosophie. 17. Auflage. Tübingen.

Wulf, Christoph (2002): Kulturelle Vielfalt. Der andere und die Notwendigkeit anthropologischer Reflexion. In: Merkel, Christine/Wulf, Christoph (Hrsg.): Globalisierung als Herausforderung der Erziehung. Theorien, Grundlagen, Fallbeispiele. Münster. S. 75-100.

Autorenprofil

Die Autorin Katharina Kießler, Jahrgang 1982, hat an den Universitäten Hamburg, Barcelona und Würzburg Diplom-Pädagogik studiert. Vor und während ihres Studiums absolvierte sie mehrere Auslandsaufenthalte und setzte sich aktiv mit kulturellen Unterschieden auseinander. Das Interesse an der Thematik rührt daher auch aus persönlichen Erfahrungen.